陈总编爱车热线书系

# 画解法拉利

## 揭秘法拉利汽车独门绝技

**精装典藏版**

陈新亚 编著

THE
SECRETS
OF
FERRARI

机械工业出版社
CHINA MACHINE PRESS

《画解法拉利：揭秘法拉利汽车独门绝技（精装典藏版）》是一本专为汽车爱好者和汽车行业从业人员编写的精美画册，也是"陈总编爱车热线书系"之一。本书将法拉利的经典车型"一网打尽"，以图解方式介绍法拉利汽车叱咤车坛70年的经典名车以及法拉利的独特技术和制造工艺等。

本书主要介绍了法拉利传奇经典车型，语言通俗，图片丰富，并介绍了许多相关常识，非常适合广大汽车爱好者以及汽车行业从业人员阅读使用。

#### 图书在版编目（CIP）数据

画解法拉利：揭秘法拉利汽车独门绝技：精装典藏版 / 陈新亚编著.
—北京：机械工业出版社，2018.1
（陈总编爱车热线书系）
ISBN 978-7-111-58879-5

Ⅰ.①画… Ⅱ.①陈… Ⅲ.①跑车—图解 Ⅳ.①U469.11-64

中国版本图书馆CIP数据核字（2018）第002925号

机械工业出版社（北京市百万庄大街22号 邮政编码100037）
策划编辑：李 军　责任编辑：李 军
责任校对：肖 琳　责任印制：常天培
北京联兴盛业印刷股份有限公司印刷
2018年2月第1版第1次印刷
184mm×260mm·8印张·2插页·198千字
0001—4000册
标准书号：ISBN 978-7-111-58879-5
定价：79.90元

凡购本书，如有缺页、倒页、脱页，由本社发行部调换

电话服务　　　　　　　　　　网络服务
服务咨询热线：010-88361066　机 工 官 网：www.cmpbook.com
读者购书热线：010-68326294　机 工 官 博：weibo.com/cmp1952
　　　　　　　010-88379203　金 书 网：www.golden-book.com
**封面无防伪标均为盗版**　　　教育服务网：www.cmpedu.com

# 前言 FOREWORD

## 如果缺少了法拉利会怎样

超级跑车是跑车中的极品，其特点是：外观鲜艳夺目，造型极酷，让人爱得要死；加速时令人皮肤绷紧，汗毛直竖，让人吓得要死；数量奇少，价格奇高，让人想得要死。世上每款超级跑车都极具个性，但只有一个品牌能成为超级跑车的代言或象征——法拉利。

对有些人来讲，法拉利汽车只不过是速度奇快的奔跑机器；对有些人来讲，每一辆法拉利都是天价艺术品……但对大多数人来说，法拉利汽车则是艺术与工具的完美结合。

在超跑界，很少有其他品牌能像法拉利那样锋芒毕露，一直领跑。试想，如果F1赛事缺少了法拉利，那么赛车运动的魅力将会锐减；如果法拉利跑车不再生产，那么汽车在世人心中的光芒将会变得暗淡。

我试驾过几款法拉利跑车，印象深刻，尤其是它怒吼的声音，好像至今仍在耳畔轰鸣。但更多的经典法拉利汽车，我是连见都没见过。作为法拉利车迷，这无疑是个巨大的遗憾。但我们现在可以通过本书了解几乎所有的法拉利经典车型，以及与法拉利有关的传奇故事等。其实法拉利之所以成为今天的超跑霸主，都是由一款款性能非凡的经典车型铸就而成的。

2017年是法拉利汽车品牌创立70周年，2018年则是恩佐·法拉利诞生120年。本书就像是一部法拉利品牌传奇传记，更像是一座法拉利汽车博物馆。现在就让我们去这个"博物馆"看一看吧。

270963083@qq.com
2017年11月于北京

# 目 录 CONTENTS

前言

第一章 恩佐·法拉利 ... 1

## 第二章 20世纪40年代车型 ... 6
AAC 815 ... 6
125 S ... 8
125 Formula ... 9
159 S ... 9
车身设计与打造 ... 10
166 Spyder Corsa ... 11
166 MM Barchetta ... 11
166 Inter Coupe ... 11
166 Inter Berlinetta ... 11

## 第三章 20世纪50年代车型 ... 12
195 Inter ... 12
195 S ... 13
275 S ... 14
340 Mexico ... 14
340 America ... 15
212 Inter ... 16
212 Export ... 17
342 America ... 18
500 F2 ... 20
225 S ... 22
375 America ... 24
250 MM ... 26
375 MM ... 28
340 MM ... 28
625 TF Berlinetta ... 30
500 Mondial ... 30
250 Monza ... 31
375 Plus ... 31
250 GT Coupe ... 32
750 Monza ... 34
857 S ... 36
410 Superamerica ... 37
860 Monza ... 38
290 MM ... 38
250 GT Cabriolet ... 40
250 Testa Rossa ... 42
315 S Spyder ... 44
335 S ... 45
250 GT California ... 46
250 GT Berlinetta Passo Corto ... 48

## 第四章 20世纪60年代车型 ... 50
400 Superamerica ... 50
250 GT 2+2 ... 52
Dino 246 S ... 53
330 GT 2+2 Coupe ... 53
250 GTO ... 54
250 GT Berlinetta Lusso ... 56
250 LM ... 58
500 Superfast ... 60
275 GTB ... 62
275 GTS ... 63
330 GTC ... 64
330 GTS ... 65
Dino 206 GT ... 66
312 F1 ... 67
Dino 246 GT ... 68
365 GTS ... 70
365 GTB4 ... 70
365 GTS4 ... 71

## 第五章 20世纪70年代车型 ... 72
312 P ... 72
308 GTB ... 73
400 Automatic ... 74
512 BB ... 74
365 GT4 BB ... 75
Dino 308 /208 GT4 ... 76
308 GTS ... 77

## 第六章 20世纪80年代车型 ... 78
Mondial 8 ... 78
GTO ... 80
Testarossa ... 82
F40 ... 84

## 第七章 20世纪90年代车型 ... 86
348 GTB ... 86
348 Spider ... 87
348 GTS ... 87
F355 Berlinetta ... 88
F50 ... 90
360 Modena ... 92

## 第八章 21世纪初车型 ... 94
360 Spider ... 94
Enzo Ferrari ... 96
612 Scaglietti ... 98
Superamerica ... 99
FXX ... 100
599 GTB Fiorano ... 101

## 第九章 21世纪10年代车型 ... 102
599 GTO ... 102
FF ... 104
法拉利4RM四驱系统 ... 106
LaFarrari ... 108
California T ... 110
GTC4Lusso ... 112
812 Superfast ... 113

## 第十章 制造工艺 ... 114
车子被当成艺术品打造 ... 114
车身装配误差不超过0.3毫米 ... 115
用超声波检验车漆厚度 ... 116
在花园厂房中打造发动机 ... 118
风中的洗礼 ... 120
真皮内饰需要30个工时完工 ... 121
总装线要停顿32次 ... 122
赛道上的最后检验 ... 124

# Chapter 1　Enzo Ferrari
# 第一章　恩佐·法拉利

　　他被誉为"赛车教父",他曾经"统治"世界最高性能跑车70多年,他的名字成为速度、地位和财富的象征,他的一生充满传奇和神秘色彩——他就是恩佐·法拉利。

　　意大利法拉利汽车公司的创始人恩佐·法拉利（Enzo Ferrari）,在1898年2月18日诞生于意大利北部摩德纳城的一个小钣金厂主家里。他父亲本打算把他培养成一名歌手或者新闻记者,然而他却成了一名赛车手、工程师、企业家。

　　法拉利第一次接触赛车是在1908年9月6日,父亲带着10岁的他和他哥哥去博洛尼亚看一场汽车比赛,见到了当时世界顶级车手菲利斯·纳扎罗和文森佐·蓝旗亚,刺激的比赛场面给法拉利留下了深刻印象,他从此爱上了赛车。

　　法拉利平常也喜欢阅读与写作,尤其对体育方面的内容感兴趣,甚至曾想从事与体育新闻写作相关的职业。他17岁时曾给意大利当时最具影响力的汽车报纸《米兰体育报》投过好几次稿。这不仅展示了他不俗的写作能力,还因此接触了不少汽车圈内的人物。

　　1914年,第一次世界大战爆发后,他的哥哥（满19岁后）加入了意大利空军。1916年,父亲因肺炎去世,随后父亲的小工厂也陷入困境,毫无经验的法拉利对金属加工生意兴趣索然,便离开家四处打工。

　　翌年,哥哥在部队中因传染病而离开人世。父亲和哥哥的相继去世令法拉利备受打击,使得法拉利对人生的意义感慨非常。1917年,法拉利也在满19岁时参加了意大利炮兵部队。虽然他拥有机械师的家庭背景,但在军中却被分配给拉炮的骡子钉掌。

　　然而不久,法拉利就因胸部疾病而做了两次手术,这差点要了他的命。法拉利曾多次回忆说自己被关在战地医院的一个房间里,深夜能清楚地听到棺材盖上盖时锤子钉板的声音。

　　1918年,法拉利因不能再适应战火纷飞的战场而被送回家。他曾到菲亚特汽车公司找工作,但被拒绝。后来又几经奔波周折,总算在一家拆车厂找到了"饭碗"。这家拆车厂的主要业务就是将战后过剩的意大利军用卡车的底盘拆下来，再转卖给汽车改装厂用来改装成民用轿车。在那里，他逐渐学会了汽车机械技术，同时也不忘与赛车圈加强联系，有时还义务当赛车机械员，颇受人们欢迎。

后来，法拉利认识了新兴汽车公司（CMN，Costruzioni Meccaniche Nazionalia）的首席试车员并跳槽过去成为其助手，后来又一同加入CMN赛车队，从此开始真正参与到赛车活动中。

1919年10月5日，法拉利终于亲自驾车奔上赛场参赛。他是一位出色的赛车手，不仅技术娴熟、高超，而且胆识过人，体格健壮，比赛成绩不俗。然而，CMN车队的实力毕竟太弱，法拉利在此难有更大作为，于是在1920年，法拉利应聘成为当时意大利最强车队阿尔法·罗密欧（Alfa Romeo）车队的试车员，后来又成为正式赛车手并多次参加比赛。

恩佐·法拉利曾是一位赛车手，他一生钟爱赛车事业

1922年，法拉利在家乡摩德纳成立一家小公司，并逐步发展成阿尔法·罗密欧在摩德纳的销售代理。与此同时，他仍是阿尔法·罗密欧赛车队的赛车手并不断驾驶阿尔法·罗密欧赛车参加比赛，以提高阿尔法·罗密欧汽车在当地的知名度和销量。

法拉利在赛车场和商场的发展都非常顺利，并渐渐地在意大利汽车圈小有名气。正是在此期间，法拉利获得了"腾马"标识的授权（详见P5），并在后来成为法拉利汽车品牌的标志。

直到1928年，法拉利还在代表阿尔法·罗密欧车队参加比赛并获得过冠军。后来，法拉利受玛莎拉蒂（Maserati）兄弟自己制造赛车并获得成功的鼓舞，于1929年与人合伙在摩德纳成立了以自己名字命名的车队。随着比赛成绩不断提高，法拉利车队开始在意大利车坛声名鹊起。在这个时期，法拉利车队使用的仍是阿尔法·罗密欧赛车，自己还没有造车计划。

1933年，阿尔法·罗密

# 第一章 恩佐·法拉利

欧车队因多种原因而解散，法拉利车队自然而然地就成了代表阿尔法·罗密欧参赛的最强车队。1937年，阿尔法·罗密欧购买了法拉利车队80%的股份，并将车队由摩德纳迁往阿尔法·罗密欧公司所在地米兰。此后的两年内，恩佐·法拉利的日子并不好过，在阿尔法·罗密欧公司处处受排挤。法拉利强忍到1939年9月，就彻底离开了阿尔法·罗密欧公司，又回到了他的家乡摩纳德准备东山再起。

然而法拉利的离职协议规定，他在四年内不可以使用原法拉利车队的名称，不可以直接参加各种赛车活动。因此，法拉利在摩德纳成立了一家"汽车航空制造厂"（Auto Avio Costruzione，简称AAC），主要业务是生产机床、加工机械零件等。

到了1939年12月，有人找到法拉利，请他为1940年4月28日举行的1000英里耐力赛打造两辆赛车。这让法拉利重燃对赛车的热情，他积极组建设计团队，对两辆菲亚特508C轿车的动力系统进行改装，并委托专业车身厂图林（Turing）重新打造车身，最终只用四个月的时间就推出一款能上场参赛的赛车，即AAC 815（因为使

1940年恩佐·法拉利打造的AAC 815赛车

用8缸1.5升发动机而得名）。也有人将其称为第一辆法拉利汽车，但受离职协议的约束，当时并没有悬挂任何与"法拉利"相关的标识。

AAC 815赛车的表现还不错，但之后不到两个月意大利就参加第二次世界大战了，所有进一步的设计与改进计划都被迫取消了，法拉利继续从事以制造机床和机械加工为主的业务。

第二次世界大战一结束，法拉利就积极招兵买马，着手打造真正属于自己的赛车。从1945年10月开始，几经坎坷和磨难，直到两年后，也就是

1947年打造的法拉利125 S是第一辆悬架法拉利标志的赛车

1947年5月，第一辆从发动机开始设计的法拉利赛车——法拉利125终于面世。其发动机的单缸排量为125毫升，所以取名为125。在以后很长时期内，法拉利都是以发动机的"单缸排量"为其车型命名。

从此，恩佐·法拉利的事

1947年法拉利125 S

业就再无法与那惊心动魄的汽车大赛分开了,并最终成为意大利的赛车教父。

然而,1956年,他的儿子迪诺却过早去世,这对法拉利的打击很大,如同优秀赛车手在遥遥领先即将冲向终点时,突然没把握好方向盘而翻车一样。从此,法拉利郁郁寡欢,极少在公开场合露面。每次外出时,始终打着黑领带,戴着墨镜。不仅在赛车场上见不到他,即使公司的重大决策,也是他通过观看电视屏幕和助手的资料来制定,并通过电话来指挥比赛。为此,车队的赛车手有抱怨情绪,如果法拉利能亲临现场督战,那么法拉利车队的成绩一定会更好。

法拉利赛车驰骋国际赛车场,取得无数次的胜利,在很长时期都是世界赛场的主宰。但为了更专心于自己最喜欢的赛车事业,他在1969年6月将道路版跑车业务转卖给了菲亚特集团,而法拉利的赛车业务仍由恩佐·法拉利全权控

恩佐·法拉利(1898—1988)

外出时恩佐·法拉利都要戴墨镜

第一辆法拉利汽车125Sport(1947年)与法拉利LaFarrari超级跑车(2013年)

# 第一章 恩佐·法拉利

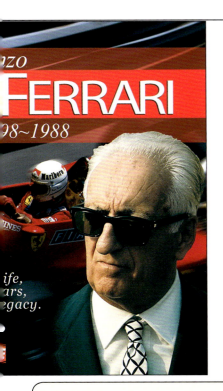

制，一直到他去世为止。收购的具体方案是：菲亚特支付数十亿里拉获得法拉利公司40%的股权；恩佐·法拉利的儿子皮耶罗·拉尔迪（当时已获法定资格）获得10%股权；法拉利的好友宾尼法利纳获得1%的股权；剩下的49%由恩佐·法拉利持有并在他死后归菲亚特集团所有。

以1969年6月为时间分界点，此后，法拉利汽车公司生产的所有量产跑车，与恩佐·法拉利并没有什么关系；而此前悬挂法拉利"腾马"标志的跑车，也都是恩佐·法拉利为了支撑他的赛车事业而不得已为之的商业产物。他最钟情的还是能够体现争强好胜精神与钢铁般意志的法拉利赛车。

1988年8月14日，法拉利在家乡摩德纳去世，终年90岁。

## 法拉利"腾马"标志来历

法拉利（Ferrari）的标志顶端是意大利国旗的色条，黄底色为法拉利公司所在地摩德纳的城市标志色，主图案是我们熟悉的"腾马"。

关于"腾马"图案的来历还有个故事。那是1923年5月25日，在靠近拉文纳市的萨维奥赛场取得胜利后，恩佐·法拉利被第一次世界大战中的传奇飞行员弗朗西斯科·巴拉卡（Francesco Baracoa）的母亲认出。巴拉卡是意大利的空军飞行员，在第一次世界大战中曾击落34架奥匈帝国的飞机，但在第一次世界大战即将结束的1918年，他被奥匈帝

国的飞机击落而坠机身亡。巴拉卡的飞机上画有一个腾马图案。巴拉卡的母亲见到恩佐·法拉利后，拿住儿子巴拉卡的"腾马"纹章对恩佐·法拉利说："拿去吧，贴到你车上，它会给你带来好运。"法拉利欣然同意，果如她言，带有"腾马"标志的法拉利赛车连连夺魁，并成为法拉利车队的标志。后来法拉利跑车也使用"腾马"作为徽标。

巴拉卡的飞机上画有一个腾马图案

# Chapter 2  1940s Models
# 第二章  20世纪40年代车型

悬挂法拉利"腾马"标志的汽车从1947年开始露面,但恩佐·法拉利最早从1939年就开始打造汽车,所以至今仍有人在争论哪辆车是第一辆法拉利汽车。

## AAC 815
1940年

早期的赛车都只有两个座位,一个是车手座,一个是机械师座

燃油箱

鼓式制动系统

钢丝辐条

1939年9月,恩佐·法拉利(Enzo Ferrari)离开了阿尔法·罗密欧公司,在法拉利赛车队(Scuderia Ferrari)的原址上成立了"汽车航空制造厂"(Auto Avio Costruzione,简称AAC)。新公司的主要经营项目是机床生产和机械加工。

恩佐·法拉利离开阿尔法·罗密欧公司之后,尽管同意遵守在以后的四年内不得以自己的名义制造汽车的不竞争条款,但是恩佐·法拉利很快就利用AAC的名义打造了两辆原型车,只是没有贴上法拉利的品牌标志,这就是AAC 815型赛车。此车也是为参加1940年4月28日举行的布雷西亚大奖赛(Gran Premio di Brescia)而设计制造的。从设计到制造,该车只用了4个月。

该车采用菲亚特的1.5升直列8缸发动机,单顶置凸轮轴(SOHC),最大功率60千瓦(72马力),配6速手动变速器,最高车速170千米/时。

虽然在布雷西亚大奖赛中AAC 815赛车因机械故障而退赛,但在速度和潜力方面的表现都不错。而之后不到两个月意大利就参加第二次世界大战了,恩佐·法拉利的自制赛车计划就此搁浅。

## 第二章 20世纪40年代车型

1940年AAC 815型赛车

虽说是恩佐·法拉利设计和打造的第一辆汽车,
但它并不能贴上法拉利的任何标志。

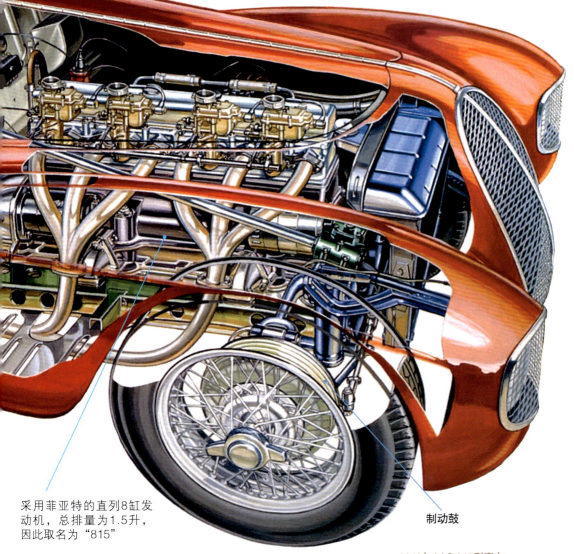

采用菲亚特的直列8缸发动机,总排量为1.5升,因此取名为"815"

制动鼓

1940年AAC 815型赛车

# 125 S
**1947年**

发动机：1496.77毫升，V12
最高车速：210 千米/时

1947年法拉利125 S型赛车

125 S是首辆贴有法拉利徽标的车型。这是法拉利公司在第二次世界大战后自主打造的第一款赛车。它采用法拉利自主设计的第一款发动机，采用V形12缸，每个气缸的排量只有125毫升（因此此车型号为125），总排量为1.5升。

为了打造悬挂有自己名字的赛车，恩佐·法拉利（Enzo Ferrari）组织赛车设计师、制造工程师和发动机测试专家，历经近两年才打造出两辆125 S原型车，并使用其中一辆于1947年5月在意大利皮亚琴察（Piacenza）赛道首次亮相。

虽然法拉利125 S在比赛中一直是遥遥领先，但在最后时刻燃油泵出现故障，遗憾地退出比赛。这次牛刀小试虽然未取得胜利，但恩佐·法拉利评价说，"这是一次充满希望的失败"。在后来的4个月内，125 S重返赛道13次，赢得了6场比赛。

125 S赛车的成功推出，让法拉利对自主制造赛车充满希望，此前他一直使用阿尔法·罗密欧（Alfa Romeo）的赛车参加比赛。

## 第一辆以法拉利名义自主打造的汽车
## 第一辆悬挂法拉利标志的汽车

仍采用钢丝辐条和鼓式制动

1947年法拉利125 S型赛车

第二章 20世纪40年代车型

# 125 Formula
1948—1950年

只有车手一个座位

三年内夺得 12 项冠军

1948年法拉利125 Formula 赛车

125 Formula 是法拉利的第一辆F1赛车。它采用1.497升排量V12发动机，两列气缸夹角60°，每列气缸采用一个单顶置凸轮轴，每气缸2气门，配备机械增压器，压缩比为6.5:1，最大功率为169千瓦（230马力），对应转速为7000转/分。

法拉利F1赛车从1948年9月开始参加比赛，到1951年7月共夺得12项冠军。

# 159 S
1947年

发动机：1903毫升，V12
最高车速：210 千米/时

159 S是法拉利推出的第二款车型，其实它就是将125 S的发动机排量增加到1.9升，单气缸排量为159毫升，因此称为"159"。159与125的外形完全一样。159S只生产了两辆，其中一辆后来还被改造成166 Spyder Crosa。

1947年法拉利159 S型 赛车

# 车身设计与打造

法拉利汽车从一开始就不是自己设计和打造车身,它更注重发动机、变速器以及底盘的设计与打造。而它的车身造型设计与具体制造则交由专业的车身厂完成。时至今日,法拉利的车身造型仍保留委托宾尼法利纳(Pininfarina)设计的传统。

当法拉利推出一种"动力+底盘"的车型后,买主只是买到一个没有车身的"汽车",然后由车身厂根据买主的要求进行设计与打造,完成汽车制造的最后一道工序。包括法拉利用于参加比赛的汽车都是如此打造完成。法拉利这样可以集中精力研发动力系统和底盘结构。

车身厂按照车主的需求打造成不同的车身形式,包括Coupe(双门硬顶跑车)、Berlinetta(双门跑车)、Barchetta("船形"跑车)和Cabriolet(软顶敞篷跑车)等。需要说明的是,我们不要被这些车身名称所迷惑,它们的定义和之间的区分并不是十分明确,而且不同车身厂对它们的定义更是不同,因此千万不可陷入"分类学"中。

当时为法拉利打造车身的主要车身厂有图林(Touring)、斯卡列蒂(Scaglietti)、维格奈尔(Vignale)、吉亚(Ghia)、博通(Bertone)以及宾尼法利纳(Pininfarina)等。意大利各家车身厂之间竞争激烈,大家都希望在造型风格和打造技艺方面超越他人。

当时的车身都是由纯手工打造,因此即使由同一车身制造商设计出的看上去极为相似的两款车身也是不同的。每一辆车的车身还要根据客户个人的需要量身定做,所以从本质上而言,每一辆车都是独一无二的,并且同一公司设计的两辆汽车在细节上常常也有很多差异,比如在进气格栅造型或前照灯布局上都可能不完全一样。

因此,在本书所列的图片中,一般都要在车名后面标注上车身厂的名称。

## 法拉利汽车名称后缀释义

Berlinetta——双门跑车,外形与Coupe近似或等同,它的后背往往是倾斜的流线造型。

Coupe——双门硬顶跑车,又称"轿跑车",其外形与Berlinetta近似或等同。

Barchetta——"船形"双座敞篷跑车,外形与Spider、Spyder和Cabriolet近似或等同。此类车型一般用于参加汽车比赛。

Spyder——同Spider,双座敞篷跑车,外形与Barchetta近似或等同。

Spider——同Spyder,双座敞篷跑车,外形与Barchetta近似或等同。

Cabriolet——软顶敞篷汽车,外形与Spyder、Spider近似或等同,但可以有两排座位。

### Berlinetta(双门跑车)车身
**其他名称:** Coupe等

1951年法拉利212 Export Berlinetta(图林车身)

### Barchetta("船形"跑车)车身
**其他名称:** Spyder、Spider等

1948年法拉利166 MM Barchetta(图林车身)

### Cabriolet(软顶敞篷跑车)车身
**其他名称:** Spyder、Spider等

1951年法拉利212 Inter Cabriolet(维格奈尔车身)

# 第二章 20世纪40年代车型

## 166 Spyder Corsa
1947年

发动机：1995毫升，V12
最高车速：201 千米/时

1947年法拉利166 Spyder Crose（斯卡列蒂车身）

1948年法拉利166 MM Barchetta（图林车身）

166 Spyder Corsa是法拉利打造的第一款用于出售的车型，于1947年12月推出。显然它是一辆用于参加比赛的车辆。此车符合参加F2（二级方程式赛）的技术条件。此车型共生产了9辆。

## 166 Inter Coupe
1948年

166 Inter Coupe是法拉利制造的第一款道路版跑车，在此前法拉利只打造以参赛为目的的汽车。166 Inter Coupe（轿跑车）共生产了13辆。

1948年法拉利166 Inter Coupe（图林车身）

## 166 Inter Berlinetta
1948年

166是第一款达到2.0升排量的法拉利车型，一经推出就备受关注，各大车身厂争先恐后为其打造车身。右图是图林打造的Berlinetta（双门跑车）车身造型。

1948年法拉利166 Inter Berlinetta（图林车身）

## 166 MM Barchetta
1948年

发动机：1995毫升，V12
最高车速：220 千米/时

166 MM Barchetta是专为长距离比赛而设计的。其车身是由图林（Touring）使用"超轻"方法建成，确保了166 MM既轻盈又极具活力，同时仍保持着重要的结构刚度。166 MM的发动机还经过改装，以适应新的比赛规则，便于使用"正常"燃料运行。

# Chapter 2  1950s Models
# 第三章  20世纪50年代车型

20世纪50年代是法拉利汽车大发展时期，新型赛车和量产跑车频繁推出，虽然都是手工小批量打造，但现在看来它们都是最珍贵的经典车型。

## 195 Inter
1950年

发动机：2341.02毫升，V12
最高车速：180 千米/时

1950年法拉利195 Inter双门轿跑车（吉亚车身）

因为其单缸排量为195毫升，所以取名为195。这是一个195 S的轿跑版，发动机功率更大，控制更灵活，对于不适应极端情况的客户来说更容易驾驶。图林（Touring）、吉亚（Ghia）等车身厂商创造了若干不同的车身版本，其中一些在GT比赛中被证明相当成功。这一车型中最受欢迎的是维格奈尔（Vignale）车身厂制造的版本，他们为一些客户生产了令人惊艳的个性化跑车。

195车型由166 Inter系列发展而来，轴距稍长，从2420毫米加长到2500毫米，以增加驾驶舱空间。除此以外，底盘框架具有和早期车型相同的基本钢管结构。

1950年法拉利195 Inter双门轿跑车（图林车身）

### Inter与Export

Inter意为"内销"车型，主要在意大利或欧洲大陆销售；而与此相对的则是Export车型，是指"外销""出口"车型，主要销往美洲大陆。

V12发动机再次基于原1947年的125车型设计，但排量比166车型增大了将近25%，达到2431毫升。这通过将缸径增加到65毫米得以实现，同时保持了166发动机58.8毫米的行程。因为增加排量可以提供更大的功率，有助于它们保持赛道上的竞争力。该发动机仍具有双分电器和线圈点火系统，以及每缸单火花塞和湿式油底壳润滑系统。

195 Inter车型在1950—1951年间生产，共生产了25辆。

1950年法拉利195 Inter双门轿跑车（维格奈尔车身）

第三章 20世纪50年代车型

# 195 S
## 1950年

195 S是对12缸发动机的进一步发展,其排量可达2350毫升。功率增加的同时,供油系统也更平顺及稳定。该车生产数量极少,车身有敞篷和Coupe两个版本。

米兰纺织业巨头继承人、从事律师行业的吉安尼诺·马尔佐托(Giannino Marzotto)驾驶195 S Coupe版本,在1950年Mille Miglia 1000英里赛事中获得了胜利。那天的情景令人难忘,在恶劣的天气下,马尔佐托穿着双排扣的西装,戴着领带,优雅地跑完了整个赛程并取得最后胜利。

1950年法拉利195 S双门轿跑车(图林车身)

### 车型号中S含义

在法拉利车型号中总能看到S字母,它是Sport的缩写,意为"运动车型",一般是指可以用于参加汽车比赛的车款。

1950年法拉利195 Inter双门轿跑车(图林车身)

# 275 S

**1950年**

发动机：3322.34 毫升，V12
最高车速：240 千米/时

1951年法拉利275（图林车身）

法拉利研制的新型大型发动机首次用于275 S跑车，排量达到3322毫升（单缸排量276毫升）。此车采用了图林（Touring）的双门车身，参加了1950年4月举行的Mille Miglia 1000英里赛事。

但是，由于安装了非常强大的发动机，275 S在比赛中遇到了法拉利赛车的老毛病——变速器问题，并且因此出师不利而退赛。尽管如此，后来用于本来为其设计的单座车时，发动机立即显示出其潜力。事实上，275 S在同年6月18日的比利时大奖赛中使法拉利的明星车手阿斯卡里（Ascari）名列第五，这也是此车取得的最好成绩。

在20世纪60年代法拉利还曾推出另一款名为275的跑车，与此款275无任何关联。

1951年法拉利275（图林车身）

1952年法拉利340 Mexico Coupe（维格奈尔车身）

# 340 Mexico

**1952年**

发动机：4101.66毫升，V12
最高车速：282 千米/时

法拉利340 Mexico跑车于1952年推出。它是在法拉利赢得1951年墨西哥泛美耐力赛的背景下推出的。此大赛历经5天行驶2000英里，其过程极其艰辛。

法拉利340 Mexicos采用4.1升V12发动机，最大功率206千瓦（280马力）。为了在激烈的比赛中获胜，此款车安装了全新的带四个双阻气门化油器的缸盖，这在原来已经令人钦佩的基础上进一步提升了发动机的效率。后桥结构和变速器性能也得到了进一步的增强。

1952年法拉利340 Mexico Coupe（维格奈尔车身）

第三章 20世纪50年代车型

# 340 America
1951年

发动机：4101.66毫升，V12
最高车速：243千米/时

1951年法拉利340 America（图林车身）

美国汽车需求的增长，为法拉利所生产的车型提供了巨大的市场空间。事实上，这一车型直接基于法拉利340 F1赛车，是为满足新一代车主的需求而生产的。

此车采用V12发动机，总排量4101.66毫升，单缸排量为341.80毫升，因此型号为340。首个车身造型由图林（Touring）设计，其车身线条让人想起了166 Barchetta。吉亚（Ghia）和维格奈尔（Vignale）也为此车设计了不同的车身。吉耶·维洛海希（Gigi Villoresi）驾驶340赢得了1951年Mille Miglia 1000英里大赛冠军。

美国杂志《Road & Track》1952年9月期对一辆维格奈尔车身340 America赛用车型Berlinetta进行了路面测试，记录其0—96千米/时的加速时间为6.1秒、0—160千米/时的加速时间为15.5秒，从静止出发加速到1/4英里的时间为15.45秒，并标注法拉利宣布的最高车速为243千米/时。这一数字在60多年之前是十分惊人的。

1951年法拉利340 America（维格奈尔车身）

# 212 Inter
1951年

发动机：2562.51毫升，V12
最高车速：200 千米/时

1951年法拉利212 Inter Coupe（维格奈尔车身）

恩佐·法拉利借助在赛场上的胜利开始打造并销售民用跑车，其中212型就是一个经典例子。

每一款212跑车都不一样，都是由客户订制的。选装配置多种多样，可供买家选择搭配，但它们的基本结构和2.562升V12发动机都是一样的。

212系列的汽车制造于1950年年末至1953年之间。1953年，212型在生产了大约110辆后，被当时最快的公路跑车法拉利250型所替代。

212 Inter公路版是法拉利生产的早期量产车系列中最多产的，有各种各样的车身风格，并提供Berlinetta（双门跑车）、Cabriolet（敞篷跑车）和Coupe（双门硬顶跑车）车身版本。

著名的车身厂维格奈尔（Vignale）、吉亚（Ghia）、吉亚·艾格勒（Ghia Aigle）、宾尼法利纳（Pininfarina）、图林（Touring）均为这一系列车型设计过车身。

此车仍采用纵向前置60°夹角V12发动机，单缸排量为213.54毫升，总排量为2562.51毫升，在6500转/分钟的转速下最大功率为110 千瓦（150马力）。底盘结构和悬架布局几乎与前款166和195 Inter车型相同。

1951年法拉利212 Inter Coupe（吉亚·艾格勒车身）

1951年法拉利212 Inter Cabriolet（维格奈尔车身）

第三章 20世纪50年代车型

# 212 Export
1951年

发动机：2562.51毫升，V12
最高车速：220 千米/时

　　法拉利212型分内销版（212 Inter）和外销版（212 Export）两种。内销版更强调舒适性，而外销版更注重在赛场上的性能，比如内销版的轴距为2.6米，而外销版的轴距只有2.25米。

**1951年法拉利212 Export Berlinetta（图林车身）**

**1951年法拉利212 Export Barchetta（图林车身）**

### Barchetta和Berlinetta

　　Barchetta是意大利语，意为"小船""扁舟"，在法拉利车型号中指一种外形像是小船的双座敞篷跑车（如左图）。此类车型一般用于参加汽车比赛。与Barchetta对应的英文有Spider、Spyder和Cabriolet等。

　　Berlinetta则是指源于双门轿跑车（Coupe）的双门跑车，它的后背往往是倾斜的流线造型（如上图）。

# 342 America

**1952年**

发动机：4101.66毫升，V12
最高车速：186千米/时

1952年法拉利342 America Cabriolet（宾尼法利纳车身）

越来越多的潜在客户对法拉利表示出了兴趣，但是其中一些人对发动机性能达到竞赛级别持谨慎态度——这些发动机在到达市场时经过很少的偏调。为了满足这一类客户的需求，法拉利研制出了342 America。这是一款更为通用的4座汽车，装备有更具灵活性的发动机、全新的合成式4速变速器和更方便用户使用的操作方式。

法拉利340系列的生产一直持续到1952年，之后转为生产342 America车型。尽管车型编号（表明单个气缸的排量）的改变应该是指发动机排量有所增加，但这次却是例外。该发动机依然采用与340车型基本相同的4.1升排量，只有化油器、空气滤清器布局发生了变化，外观上有所差异。该系列最后一辆车实际上装有一个4.5升发动机，但依然保留了342车型的编号。

342 America只制造了6辆，其中一辆具有维格奈尔（Vignale）打造的敞篷车身，其余则采用较为相似的宾尼法利纳（Pininfarina）车身，包括轿跑（Coupe）和敞篷（Cabriolet）两个版本。

所有车型都装载在轴距为2650毫米的管结构钢制底盘上，而非340 America的2420毫米轴距底盘，而且前后轮距还略微增宽。

# 第三章 20世纪50年代车型

1952年法拉利342 America Cabriolet（宾尼法利纳车身）

## 汽车型号中的地名

法拉利汽车型号中的地名，如America、Mexico，是指此型号汽车是专为美国、墨西哥市场特别设计的。一般都是根据基本车型而做些调整后的车型，以符合当地市场法规和满足当地客户的爱好需求。

1952年法拉利342 America Coupe（宾尼法利纳车身）

# 500 F2
### 1952年

发动机在车身前部

法拉利500 F2是一款二级方程式（F2）赛车。法拉利在1952—1953年间使用此车参加F2大赛。

此车由一台2.0升4缸发动机驱动，单缸排量为500毫升，故型号为500。

发动机放置在前轴后，以便改进前后重量分配比。此车采用4速手动变速器，净重只有560千克，单座位设计。法拉利500赛车参赛19次，获得冠军14次。

**参赛19次，获得冠军14次**

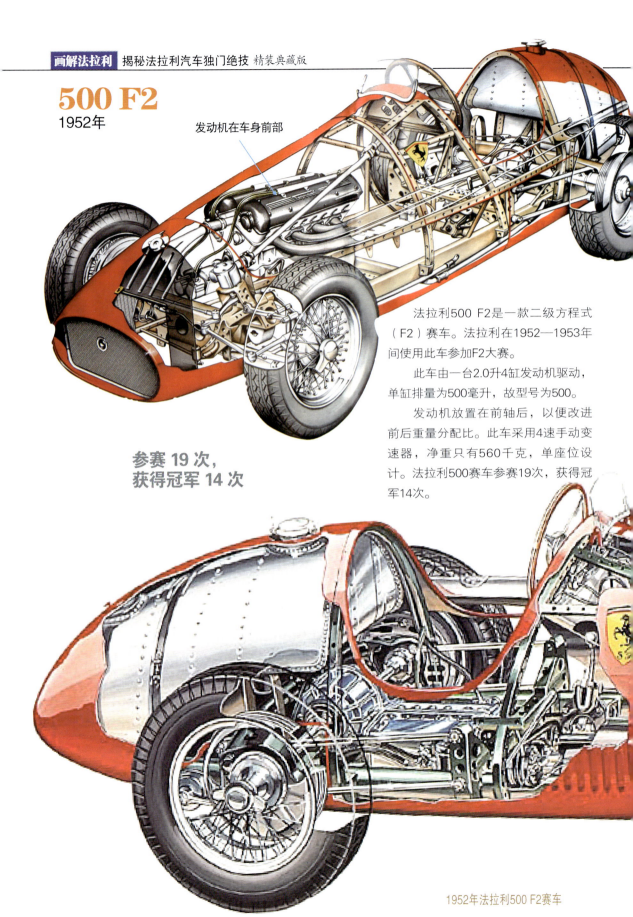

1952年法拉利500 F2赛车

## 第三章 20世纪50年代车型

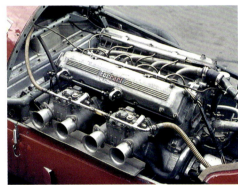

此车由一台2.0升4缸发动机驱动,单缸排量为500毫升,故型号为500

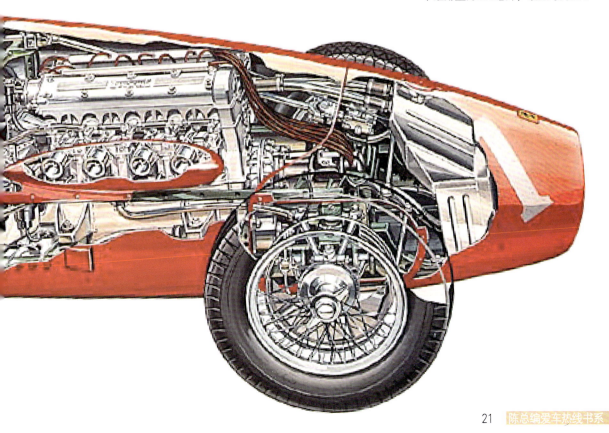

# 225 S

1952年

发动机：2715.46毫升，V12
最高车速：230千米/时

1952年，法拉利研发了两款极其珍贵的车型：兰布雷迪（Lampredi）设计的两款12缸车型。但法拉利前总设计师科伦布（Columbo）的风格在225 S发动机上仍然十分明显，虽然对其做出的改进完全是兰布雷迪的研究成果，特别是对进气歧管的技术创新和高效设计极为引人注目。一些车型采用了管状半承载式车身设计，而车身造型分别由图林（Touring）和维格奈尔（Vignale）操刀，两人的创造力当时达到高峰。

1952年法拉利225 S Berlinetta（维格奈尔车身）

1952年法拉利225 S Berlinetta（维格奈尔车身）

第三章 20世纪50年代车型

1952年法拉利225 S Berlinetta（维格奈尔车身）

1952年法拉利225 S Spyder（维格奈尔车身）

# 375 America
1953年

发动机：4522毫升，V12
最高车速：250千米/时

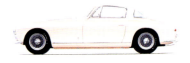

法拉利375 America车型在1953年的巴黎车展上以宾尼法利纳（Pininfarina）三窗Coupe形象首次亮相，此车型是对1952—1953年出厂的212 Inter车型的改良。

事实上，375 America与同期推出的250 Europa都采用相同的2800毫米轴距底盘，是法拉利那时生产出的轴距最长的底盘。

375 America的V12发动机总排量可达4522毫升，缸径为84毫米，行程为68毫米，装备有一组三个双门韦伯化油器，具有双线圈和分电器点火系统，据称功率可达221千瓦（300马力）。

发动机连接至4速全同步器变速器上，通过连接在刚性后轴上的传动轴进行驱动，这样可提供各种传动比。具体采用哪种传动比，则取决于客户是想要迅猛加速还是舒适地高速巡航。375 America一共出产了10辆。

1953年法拉利375 America Coupe（维格奈尔车身）

1953年法拉利375 America Coupe（宾尼法利纳车身）

第三章 20世纪50年代车型

1953年法拉利375 America Coupe（维格奈尔车身）

1954年法拉利375 America Coupe（维格奈尔车身）

# 250 MM
## 1953年

发动机：2953.21毫升，V12
最高车速：250千米/时

法拉利共制造了两款源自250 Sport的250 MM型车：宾尼法利纳（Pininfarina）设计的Berlinetta（双门跑车）和维格奈尔（Vignale）设计的Barchetta（"船形"跑车）。由于安装了Houdaille减振器，发动机和悬架装置均得到显著改善。虽然变速器设计只有四个同步齿轮，但对于赛车来说更容易操作（换档更容易）。除了在自己的家乡获胜外，菲尔·希尔（Phil Hill）还驾驶250 MM在美国取得了一些比赛的胜利。

1953年法拉利250 MM Barchetta（维格奈尔车身）

1953年法拉利250 MM Berlinetta（宾尼法利纳车身）

1953年法拉利250 MM Berlinetta（宾尼法利纳车身）

# 第三章 20世纪50年代车型

1953年法拉利250 MM Berlinetta（宾尼法利纳车身）

## 跑车与赛车

　　法拉利汽车最初是因赛车而生，恩佐·法拉利为了打造一辆能让自己参加汽车赛事的车辆而成立了公司。渐渐地，有些人开始喜欢法拉利的赛车，于是法拉利公司也开始为他人打造用于比赛的车辆。随后又有人想购买仅用于道路驾驶的法拉利汽车，于是主要用于公路驾驶的法拉利跑车出现了，即"道路版跑车"。当然，车主也可以用这些跑车去参加一些符合条件的汽车比赛。然而，专业赛车往往只能在赛道上奔驰，但不可以在公共道路上行驶。因此，法拉利汽车可分两大类：道路版跑车和专业赛车。前者出售给他人为法拉利公司创造利润，而后者仅用于参加汽车比赛夺取胜利。

# 375 MM
## 1953年

发动机：4522.68毫升，V12
最高车速：289千米/时

在参加了著名的意大利Mille Miglia 1000英里公路赛之后，375 MM继续保持了法拉利跑车的命名传统。其中"375"是指每个气缸的排量为375毫升，而MM则是指Mille Miglia赛事。该车是法拉利375 F1单座赛车的衍生品，与其姊妹车型375 America一样是GT跑车。

该跑车的发动机基于F1发动机，但新型曲轴提供了更短的68毫米活塞行程，而更大的缸径则使其排量提高到4.5升。

宾尼法利纳（Pininfarina）为375 MM设计了约10款Spyder（双座敞篷跑车）和几款Berlinetta（双门跑车）车型，主要供顶级车手使用。

1953年法拉利375 MM Berlinetta（宾尼法利纳车身）

# 340 MM
## 1953年

发动机：4101.66毫升，V12
最高车速：282千米/时

340 MM是为参加1953年的Mille Miglia赛事而打造的。一款由维格奈尔（Vignale）制造的Barchetta版本340 MM赛车获得了胜利，并在比赛中创造了新的纪录：平均车速超过142千米/时。然而，这款车很难掌控，主要是因为这款车的功率大得令人难以置信，在6600转/分钟的转速下最大功率高达206千瓦。很少有车手能让这款车的性能全部发挥出来。

1953年法拉利340 MM Spyder（维格奈尔车身）

第三章 20世纪50年代车型

1953年法拉利375 MM Spyder（宾尼法利纳车身）

1953年法拉利375 MM Spyder（宾尼法利纳车身）

## 汽车型号中的MM

法拉利汽车型号中的MM是Mille Miglia的缩写。Mille Miglia是指1927—1957年间在意大利开放公路上举行的1000英里耐力赛。此项赛事一年举办一次，曾成为与勒芒齐名的耐力赛。但在1957年的赛事中发生了令人悲痛的意外——一辆法拉利290 MM赛车失控，造成包括车手和助理以及10名观众死亡，Mille Miglia赛事从此停止举办。现在Mille Miglia已演变成一项老爷车赛事。

1953年法拉利375 MM Spyder仪表盘

# 625 TF Berlinetta
**1953年**

发动机：2498.32 毫升，直4
最高车速：240千米/时

从各方面来看，625 TF Berlinetta这款车的型号命名都比较独特。首先其名字中的625指的是1954年F1赛车2.5升发动机的单缸排量；TF可能是指塔格·佛罗热（Targa Florio）大赛，虽然该车从未在此赛道参加过比赛。

在该型号的三个车型中，Spider版本是1953年6月迈克·豪索恩（Mike Hawthorn）在蒙扎大奖赛上取得第四名所驾驶的座驾。所有三种车型（两款Spider和一款Coupe，都拥有维格奈尔设计的车身）后来都有出售，但它们原先使用的625发动机却已被其他发动机所取代。

1953年法拉利625 TF（维格奈尔车身）

# 500 Mondial
**1954年**

发动机：1984.86 毫升，直4
最高车速：236千米/时

第一辆500 Mondial是由来自摩德纳的车身制造商斯卡列蒂（Scaglietti）打造的，其设计灵感来源于迪诺·法拉利（Dino Ferrari）改装他父亲送给他的166旧车。但后来宾尼法利纳设计的500 Mondial车身更受欢迎。此车型由2.0升四缸发动机提供动力，在多场比赛中都取得很好的成绩，超越了该级别的许多车型。

1954年法拉利500 Mondial Spyder（宾尼法利纳车身）

# 第三章 20世纪50年代车型

## 250 Monza
1954年

发动机：2999.62毫升，直4
最高车速：264千米/时

250 Monza是由250 MM的V12发动机驱动的，安装在750 Monza的高性能底盘中。变速器安装在尾部，这有助于改进重量分布。另外，De Dion后轴被证明非常有效。斯卡列蒂（Scaglietti）和宾尼法利纳（Pininfarina）共打造了4种不同的Barchett（敞篷）车身。250 Monza在1954年耶尔（Hyeres）12小时耐力赛中首次亮相即取得胜利。

1954年法拉利250 Monza Spyder（斯卡列蒂车身）

1954年法拉利375 Plus Spyder（宾尼法利纳车身）

## 375 Plus
1954年

发动机：4954.34毫升，V12
最高车速：280千米/时

在赢得1953年的世界赛车锦标赛之后，恩佐·法拉利（Enzo Ferrari）打算制造一个小型的Spider系列，旨在带领最新车型冲击世界冠军头衔。这款车称为375 Plus，配备将近5升的强大V12发动机，而宾尼法利纳则负责车身设计。该车的实际性能超越了所有期望，它赢得了阿加迪尔大赛和勒芒24小时耐力赛的胜利。当然，它最值得骄傲的胜利是在泛美越野大赛中所取得的。

1954年法拉利500 Mondial Spyder（宾尼法利纳车身）

# 250 GT Coupe
1954年

发动机：2953.21毫升，V12
最高车速：230千米/时

1954年法拉利250 GT Coupe Berlinetta（宾尼法利纳车身）

250 GT Coupe在1954年巴黎车展上率先亮相，这是法拉利首次尝试为普通驾驶者设计的标准化车型。这款车从250 Europa发展而来，装备3.0升V12发动机，3个经典的韦伯化油器负责燃油供应。

在生产完首批的少数几辆车之后，负责车身制造的宾尼法利纳（Pininfarina）的生产速度已经不能满足客户的需求，当时其新工厂还处于建设当中。因此，由伯诺（Boano）接管继续生产此款车，在一年多的时间内共生产出了约80辆。

250 GT Coupe是250 Europa车型的后继者，最初也称为250 Europa。然而，该款车型的名称很快便增加了GT后缀，以方便与前款车型进行区分，简称为250 GT。

此系列大部分车型的总体形状与前一款250 Europa 宾尼法利纳三窗Coupe车型基本相同，主要不同在于前轮拱和A立柱之间的距离。实际上，除非客户具有"火眼金睛"，能辨别细微尺寸差别，否则需要使用标尺测量才能把它们区分开来。

法拉利还没实现对一个车型系列车身线条的完全统一，即使一些"标准"的Coupe车身也都有着细微的不同，以满足特定客户的要求。车身一部分为钢制，另外一部分为铝制。

此车型是法拉利量产车历史上一个重要的里程碑，因为它有着当时相对于同类车型而言最大的产量，并且标志着宾尼法利纳成为至今为止法拉利系列量产车唯一的设计者（后来有一个例外）。

1956年法拉利250 GT Coupe特别版（宾尼法利纳车身）

第三章 20世纪50年代车型

1957年法拉利250 GT Coupe Berlinetta "Tour de France"（宾尼法利纳车身）

1956年法拉利250 GT Coupe（伯诺车身）

1956年法拉利250 GT Coupe（伯诺车身）

# 750 Monza
1954年

发动机：2953.21 毫升，直4
最高车速：250千米/时

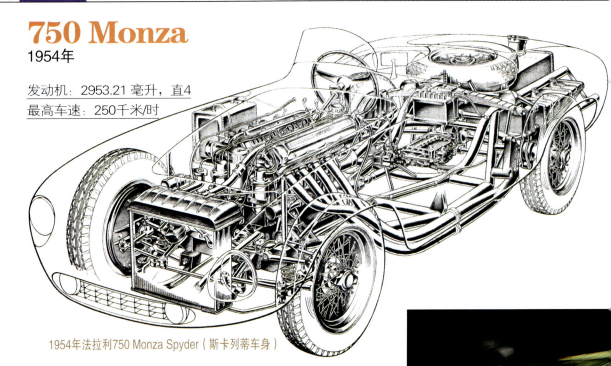

1954年法拉利750 Monza Spyder（斯卡列蒂车身）

法拉利750 Monza配置了4缸I3.0升发动机。它于1954年在蒙扎（Monza）赛道上首次亮相，就取得了第一名和第二名的成绩。其双顶置凸轮轴（DOHC）发动机能爆发出惊人的动力，在7200转/分钟时可输出176 千瓦（240马力）的功率，让人感受到不同凡响的驾驶体验。

几乎所有车身都延续了迪诺·法拉利（Dino Ferrari）的设计，并由斯卡列蒂（Scaglietti）打造。

750 Monza所获得的另一个冠军头衔是在1954年的旅游杯上获得的。

1954年法拉利750 Monza Spyder（斯卡列蒂车身）

## 第三章 20世纪50年代车型

1955年法拉利750 Monza Spyder（斯卡列蒂车身）

画解法拉利　揭秘法拉利汽车独门绝技　精装典藏版

# 857 S
1955年

**发动机:** 3431.93毫升,直4

　　装备了富有传奇色彩的四缸直列发动机最高排量版本的857,分别于1952年和1953年在世界锦标赛上取得了胜利,从此展开了它辉煌的赛车生涯。之后该车发动机被升级为3升排量,但发动机缸体外部尺寸保持不变。857 S产量极少,但它为其继任者860 Monza的开发奠定了基础,后者在某些技术细节上有所改动,比如档位数(4个而不是5个)和威风的斯卡列蒂(Scaglietti)车身外形(见第38页介绍)。

1955年法拉利857 S Spyder(斯卡列蒂车身)

1955年法拉利857 S Spyder(斯卡列蒂车身)

1955年法拉利857 S Spyder(斯卡列蒂车身)

第三章 20世纪50年代车型

# 410 Superamerica
**1955年**

发动机：4962.96毫升，V12
最高车速：262千米/时

　　410 Superamerica在1956年布鲁塞尔车展上向公众亮相。它典雅的车身设计和令人印象深刻的车身尺寸，是宾尼法利纳设计的杰作。一个有趣的事实是，该车型设计之初就被确定成为系列量产车，实际上却延伸出多个赛车版本，回归到法拉利的一贯传统。

1956年法拉利 410 Superamerica Coupe（斯卡列蒂车身）

1956年法拉利 410 Superamerica Coupe（斯卡列蒂车身）

1956年法拉利 410 Superamerica Coupe（宾尼法利纳车身）

1956年法拉利 410 Superamerica Coupe（宾尼法利纳车身）

## 860 Monza
**1956年**

发动机：3431.93 毫升，直4
最高车速：260千米/时

　　860 Monza是从750 Monza发展而来的，采用了更大排量的3.4升4缸发动机，车身由斯卡列蒂（Scaglietti）打造。在旅游杯比赛上低调露面之后，该款车被运往美国，并成为车手菲尔·希尔（Phil Hill）在拿骚（Nassau）夺冠的座驾。科林斯（Collins）和穆索（Musso）还分别驾驶此车型的一个改进版本在Mille Miglia 1000英里公路赛上获得第二名和第三名的成绩，仅次于290 MM。860 Monza是最后一款使用4缸发动机的法拉利车型，这也标志着法拉利公司的工程师重新投入到V12发动机的研究和开发中。

1956年法拉利860 Monza Spyder（斯卡列蒂车身）

## 290 MM
**1956年**

发动机：3490.61 毫升，V12
最高车速：280千米/时

　　290 MM所配的V12发动机装有双重点火装置和干式油底壳，这是专为1956年的Mille Miglia 1000英里赛事和作为860 Monza的替代品而设计的。

　　290 MM一经发布即获得成功。事实上，卡斯特罗蒂（Castellotti）驾驶它不仅在Mille Miglia 1000英里大赛上第一个到达终点，紧跟其后的是科林斯（Collins）和穆索（Musso）驾驶的两辆860 Monza，而方吉奥（Fangio）驾驶它也赢得第四名。

1956年法拉利290 MM Spyder（斯卡列蒂车身）

1956年法拉利290 MM Spyder（斯卡列蒂车身）

第三章 20世纪50年代车型

1956年法拉利860 Monza Spyder（斯卡列蒂车身）

1956年法拉利860 Monza Spyder（斯卡列蒂车身）

# 250 GT Cabriolet
**1957年**

发动机：2953.21毫升，V12
最高车速：252千米/时

1957年法拉利250 GT Cabriolet（Series I）（宾尼法利纳车身）

在1957年的日内瓦车展上，宾尼法利纳（Pininfarina）向公众介绍了这款双座敞篷车型。由于这款车带有经典的车身线条，宾尼法利纳的诠释很快就受到了更多尊贵客户的欢迎。

在生产首批40辆车后，第二系列也制造出来。为了区别于更像跑车的250 GT Spider California，这款敞篷车的设计风格更显清新，增大了行李箱空间，另外内部也更为舒适。这款车型直到1962年才停产，总共生产了约200辆。

宾尼法利纳的设计非常优雅，有着完美的平衡感。该车型通常在前翼末端装配有盖头灯，不过由于意大利车灯法令的改变，后来的一些车型也采用了开放式头灯。

这款车车身由宾尼法利纳设计和打造，然后送至法拉利车厂进行机械组件的安装。该

1960年250 GT Nembo Spyder（宾尼法利纳车身）

# 第三章 20世纪50年代车型

车最后归属法拉利车队明星车手英国人彼得·科林斯（Peter Collins）。在他将这辆车带到英国时，他委托安装了邓禄普（Dunlop）盘式制动器。据说在返回意大利后，法拉利从他的车上拆下这个盘式制动器装置，然后安装在250 Testa Rossa运动赛车上用于测试。而此前，法拉利一直顽固地使用鼓式制动器。

工程师应该对测试结果非常满意，因为在1959年年底，四轮盘式制动器成为法拉利公路跑车的标准配置，并于1960年年初应用在250 Testa Rossa比赛用车型上。

1960年250 GT Nembo Spyder（宾尼法利纳车身）

1960年250 GT Nembo Spyder（宾尼法利纳车身）

1960年250 GT Nembo Spyder（宾尼法利纳车身）

# 250 Testa Rossa
**1957年**

发动机：2953.21 毫升，V12
最高车速：270千米/时

250 Testa Rossa旨在为已经驾驶过500 TRC赛车的客户提供更大的功率（通过更换发动机），其底盘与500 TRC相同，从而保证了该款车的操控性。

由于国际汽车联合会将原型车所采用的发动机排量限制在3升的范围，因此这款车的研发也受到了影响。结果，这款车采用了250 GT可靠的V12发动机，尽管该发动机已被调整为带有6个双腔化油器。与500 TRC相比，这款车只有气缸盖被漆成了红色，但仍然保留了Testa Rossa（红头）这一名称，并在1958年为法拉利赢得了"车队总冠军"的头衔。

**2011年，一辆1957年产的法拉利250 Testa Rossa以1639万美元（约1亿元人民币）的价格被拍卖**

1957年法拉利250 Testa Rossa（斯卡列蒂车身）

## 第三章 20世纪50年代车型

V12发动机采用6个化油器,每侧气缸组双顶置凸轮轴,每缸2气门,压缩比为9.8∶1,在7200转/分时最大功率221千瓦(300马力)

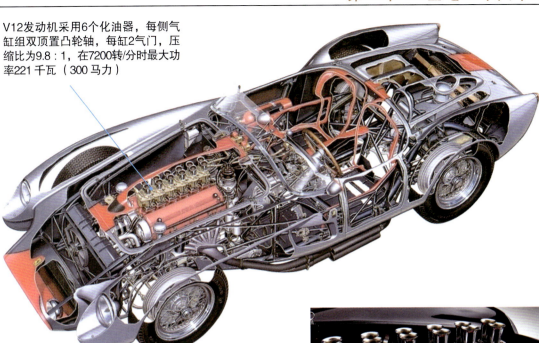

1957年法拉利250 Testa Rossa(斯卡列蒂车身)

Testa Rossa是意大利语,意为"红头",指发动机缸盖被漆成红色

1957年法拉利250 Testa Rossa(斯卡列蒂车身)

# 315 S Spyder
1957年

发动机:3783.40毫升,V12
最高车速:290千米/时

315 S搭载了四顶置凸轮轴的V12发动机,它标志着法拉利在单凸轮轴发动机的基础上取得的重大进展。除了功率更大之外,发动机重量轻了9千克,可靠性也有所提升。在1957年的第24届Mille Miglia 1000英里大奖赛上,皮耶罗·塔鲁菲(Piero Taruffi)驾驶着315 S赢得了冠军,这也是他职业生涯的最后一场比赛。

1957年法拉利315 S Spyder(斯卡列蒂车身)

曾导致12人死亡,并永远禁止举办Mille Miglia 1000英里耐力赛的肇事车辆

1957年法拉利335 S Spyder(斯卡列蒂车身)

# 第三章 20世纪50年代车型

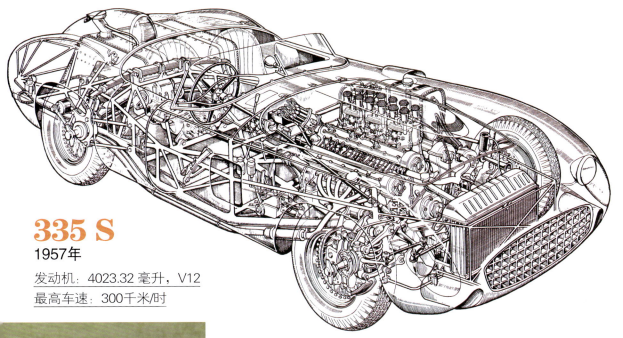

## 335 S
### 1957年

发动机：4023.32毫升，V12
最高车速：300千米/时

**1957年法拉利335 S Spyder（斯卡列蒂车身）**

335 S是由315 S改进来的赛车，发动机排量扩大，动力增强，于1957年在第24届Mille Miglia 1000英里耐力赛上首次亮相。

但当法拉利335 S在圭迪佐洛（Guidizzolo）附近以第三名领先时发生了悲剧，335 S突然失控并冲向路边观众，当场造成车手和副车手以及10名观众死亡（其中有5名是孩子），另外有20名观众受重伤。

罗马教廷方面对此感到非常愤怒，随即决定禁止这项赛事。意大利众议院和参议院只花了几小时就投票决定永久禁止举办Mille Miglia 1000英里耐力赛。恩佐·法拉利还因此灾难而被告上法庭，被指控过失杀人。直到四年后才得以洗清嫌疑。

335 S还参加了勒芒（Le Mans）24小时耐力赛，最快圈的平均车速超过193千米/时。除此之外，还在委内瑞拉1000千米赛上包揽冠亚军，为法拉利获得"车队总冠军"做出了贡献。

**1957年法拉利335 S Spyder（斯卡列蒂车身）**

# 250 GT California
1958年

发动机：2953.21 毫升，V12
最高车速：252千米/时

得益于法拉利在赛车运动领域的声誉以及进口商的工作，美国成为法拉利汽车的一个重要市场。西海岸的销售代表认为，适合加州阳光的敞篷车具有一定的市场潜力，比如类似于250 GT 敞篷版的车型。

恩佐·法拉利觉得这是一个好主意，因此车

1958年法拉利250 GT California（斯卡列蒂车身）

1958年法拉利250 GT California（斯卡列蒂车身）

1958年法拉利250 GT California（斯卡列蒂车身）

## 第三章 20世纪50年代车型

身厂斯卡列蒂（Scaglietti）得到机会，制造了这款现在近乎传奇的车型。此车共制造了106辆，其中9辆为铝制车身。

车身造型设计则出自宾尼法利纳手笔，但由斯卡列蒂车身厂制造，主要使用带有铝制面板的钢材骨架，偶尔也使用全铝材料。

一些车型提供有盖头灯，其他则装有开放式头灯，这要根据客户的选择而定。该系列最后几辆车在1959年下半年和1960年上半年生产，所有四个车轮均装有盘式制动器，而不是早期车型采用的鼓式制动装置。

1958年法拉利250 GT California（斯卡列蒂车身）

# 250 GT Berlinetta Passo Corto
**1959年**

发动机：2953.21毫升，V12
最高车速：268千米/时

法拉利250GT Berlinetta Passo Corto是在1959年巴黎车展上率先亮相的，它是法拉利250GT的继承者。此车也是第一款将盘式制动器作为标准配置的法拉利汽车。它采用2.953升V12发动机，单顶置凸轮轴，最大功率206千瓦（280马力），配4速手动变速器。此车在赛场上多次为法拉利赢得胜利，包括1960—1962年的环法汽车赛三连冠、1960年和1961年勒芒GT组冠军、1961年和1962年的纽博格林1000千米赛等，几乎垄断了当时欧洲的GT赛场。

其车身由宾尼法利纳设计，由宾尼法利纳和斯卡列蒂联合制造。第一批车的车身是用铝制材料打造的，但后来这种材料仅用于赛车版本。这款车取得了无数次的胜利，是最受人们喜爱的法拉利车型之一。

1959年法拉利250 GT Berlinetta Passo Corto（宾尼法利纳车身）

1959年法拉利250 GT Berlinetta Passo Corto（宾尼法利纳车身）

## 第三章 20世纪50年代车型

1959年法拉利250 GT Berlinetta Passo Corto（宾尼法利纳车身）

1959年法拉利250 GT Berlinetta Passo Corto（宾尼法利纳车身）

# Chapter 4　1960s Models
# 第四章　20世纪60年代车型

20世纪60年代是法拉利公司的动荡期,先是推出迪诺等赛车和公路跑车,但后期在赛车场上接连遭遇失败,最终在1969年将公路跑车业务转卖了出去。

## 400 Superamerica
### 1960年

发动机:3967.44毫升,V12
最高车速:265千米/时

1960年法拉利400 Superamerica(宾尼法利纳车身)

在1960—1964年间,400 Superamerica是为满足高端客户提出的要求而制造的旗舰车型之一。一台大型的4升V12发动机,功率充裕并且转矩强大。具有硬朗而奢华的内饰,悬架系统调校偏硬,却丝毫不牺牲舒适性。此车还配有带超速档的变速器。

400 Superamerica系列是法拉利首次没有采用单缸排量来命名的量产公路车的车型,而是改用总排量作为型号命名方式。型号中的"400"就是指气缸总排量为4.0升。这一系列的46辆车中,有44辆是由宾尼法

1960年法拉利400 Superamerica(宾尼法利纳车身)

## 第四章 20世纪60年代车型

利纳（Pininfarina）设计的，大多数都是Coupe版。这款车是按照同时期的250 GT系列相同的总体线条打造的。

该车型起初的轴距为2420毫米，后来为了增加内部空间，轴距变为2600毫米。发动机的压缩比为8.8:1，装配有双线圈和分电器点火系统，装备有三个双门韦伯化油器，最大输出功率据称能达到250千瓦（340马力）。

首款车型是专为菲亚特掌门人吉安尼·阿涅利（Gianni Agnelli）打造的特别版，并在1959年10月的都灵车展上亮相。

第二辆样车（真正量产系列的首辆车）是敞篷车型，于1960年1月在布鲁塞尔车展上亮相，数周之后又在纽约车展中展出。这些车是昂贵的限量版，都是根据客户特别需要进行个性化定制的，因而每辆车在细节上都会有些差别。

1960年法拉利400 Superamerica（宾尼法利纳车身）

1960年法拉利400 Superamerica（宾尼法利纳车身）

# 250 GT 2+2
## 1960年

发动机：2953.21毫升，V12
最高车速：230千米/时

250 GT 2+2是法拉利首款大规模生产的四座车型。该车配有单顶置凸轮轴3升V12发动机，共制造了957辆。

这款车型的特点是变速器具有了超速档。由宾尼法利纳设计的车身综合了空气动力学的最新研究成果，呈现出极为优雅的线条。

250 GT 2+2 Coupe的不寻常之处，在于它的首次亮相不是在大型车展上，而是在1960年6月的勒芒24小时耐力赛上，作为引导车首次出现在公众面前。

尽管20世纪50年代早期法拉利也曾生产过2+2座跑车，但由于有限的伸腿空间，这些车型中的后座椅其实只适合小孩子，或是成年人短暂乘坐。250 GT 2+2是首款具有比较宽敞四座布局的法拉利跑车。

1964年法拉利 250 GT 2+2 Coupe（宾尼法利纳车身）

该车型在A柱后方有一个梯形小车窗，可使驾乘室内更加明亮。然而，前座必须在其滑动装置上向前靠，才能提供宽敞的后排座椅伸腿空间。因此尽管后排座椅装饰较佳，乘员中间还有一个中央扶手，甚至还有一个烟灰缸，但还是由于空间有限，只能认可其2+2座状态，而不能称为真正的四座跑车。

2+2概念当时极为流行，大约占据了该时期法拉利250 GT公路版跑车三分之二的产量。

1964年法拉利 250 GT 2+2 Coupe（宾尼法利纳车身）

第四章 20世纪60年代车型

# Dino 246 S
1960年

发动机：2417.33毫升，V6

　　Dino（迪诺）是以恩佐·法拉利早逝的儿子的名字命名的一系列车型。此系列车型的共性是都采用V6发动机（据称是迪诺在世时参与研制的V6发动机）。Dino 246 S装备有源自F1的发动机，此版本于1960年1月阿根廷赛季期间在布宜诺斯艾利斯首次亮相。还有两辆车参加了塔格·佛罗热（Targa Florio）大赛，分别夺得第二名和第四名。虽然Dino 246 S后来被私人赛车选手广泛采用，但正式的法拉利车队车手并没使用过此车型。

1960年迪诺 246 S

1960年迪诺 246 S

# 330 GT 2+2 Coupe
1964年

发动机：3967.44毫升，V12

最高车速：245千米/时

　　1964年1月，330 GT 2+2 Coupe在法拉利一年一度的赛季前新闻发布会上出现，并于该月晚些时候在布鲁塞尔车展首次公开亮相。

　　330 GT 2+2 Coupe是250 GTE 2+2的替代车型，但装配了4升发动机。

　　正如它的前款车型，330 GT 2+2的车身设计出自宾尼法利纳（Pininfarina）的手笔。但是，两款车型外观大有区别：330 GT 2+2采用倾斜双前照灯布局。双前照灯在美国十分流行，因此这款车型的车头看起来颇具美国味道。330 GT 2+2的整体车身线条更为流畅圆润，轴距比其前身增加50毫米，内饰也经重新设计，在不改变前排座椅空间的前提下使后座乘客空间更加宽敞。

　　330 GT 2+2的生产时间为1964—1967年，此后被365 GT 2+2所取代。2+2概念被证明是一个非常受欢迎的设计。

1964年法拉利 330 GT 2+2 Coupe（宾尼法利纳车身）

# 250 GTO
1962年

发动机：2953.21毫升，V12
最高车速：280千米/时

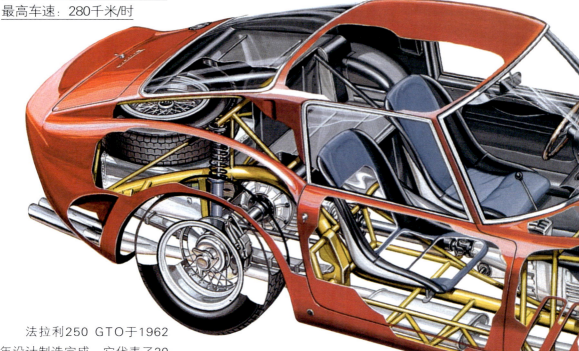

法拉利250 GTO于1962年设计制造完成，它代表了20世纪60年代初法拉利的综合技术水平。该车车身由斯卡列蒂（Scaglietti）设计并打造，其外形线条圆滑而不失刚劲，属典型的"柔中带刚"设计。该车采用3.0升V12发动机，最大功率为221千瓦（300马力），配备5速手动变速器，最高车速为280千米/时，0—96千米/时的加速时间仅为5.9秒。

法拉利250 GTO只生产了39辆。2012年，一辆1962年生产的法拉利250 GTO曾以3500万美元的价格被拍卖成交。

法拉利250 GTO采用铝制车身，其最典型的特点是在鼻翼上表面有三个可移除的D形板，并通过转钮固定，这样有利于散热器散热。

事实上，250 GTO在其系列中称霸了多个赛季，仅在其参赛的最后赛季输给了英国AC Cobra跑车（装备有更大功率的V8发动机）。

250 GTO是法拉利 250 GT系列车的终极款。250 GTO在公路或在赛道上都非常出色，这可能是最后一款公路/赛道两用车。在汽车爱好者的心中，这款车达到了传奇级别。生产的数量相对较少，并且生产的很多款都是用来竞赛的，所以250 GTO已成为法拉利汽车生产史上最具代表性的车型之一，在汽车收藏者心中也颇具地位。

1962年法拉利250 GTO（宾尼法利纳车身）

# 第四章 20世纪60年代车型

已盖上盖子的 D 形孔　　用于发动机散热的出气孔　　制动系统散热出气孔

1962年法拉利250 GTO（斯卡列蒂车身）

发动机散热器

在250 GTO鼻翼的上表面有三个D形孔。通过三个D形板可以将其盖上，需要时将D形板移开，这样更有利于将空气吹进散热器帮助散热

盘式制动器

1962年法拉利250 GTO（斯卡列蒂车身）

## 车身上的"孔"有什么作用

在跑车的车身上往往会设计一些孔，其主要作用是帮助发动机和制动系统散热。

跑车的发动机功率大，需要更迅速的散热效果，以便维持其良好的运行状态。如果是前置发动机，就会在车头设计进气孔，或在前轮后设计一些出气孔；如果是后置发动机，则会在后轮前侧设计一些进气孔。这些孔可以使流过发动机的冷却气流更多、更顺畅，从而达到帮助发动机散热的目的。

跑车速度快，因此需要拥有更强大的制动效果。在车轮前后设计一些进气孔和出气孔，可以增强制动系统的散热效果。

1962年法拉利250 GTO（斯卡列蒂车身）

# 250 GT Berlinetta Lusso
1962年

发动机：2953.21毫升，V12
最高车速：240千米/时

250 GT Berlinetta Lusso的原型车在1962年巴黎车展中出现。这款由宾尼法利纳（Pininfarina）设计的永恒经典款广受公众欢迎。

250 GT Berlinetta Lusso的定位介于法拉利更明确的赛车和迎合高端市场的豪华车之间：其本质是一款跑车，装备有V12发动机，用三个韦伯化油器提供燃料，并做了一些调整以提高驾驶舒适度。

这是250 GT系列的最后一款公路跑车，到1964年下半年才停产，其间共生产了350辆。这款车是用来替代250 GT Coupe的。由宾尼法利纳设计的车身

1962年法拉利 250 GT Berlinetta Lusso（宾尼法利纳车身）

1962年法拉利 250 GT Berlinetta Lusso（宾尼法利纳车身）

## 第四章 20世纪60年代车型

款式很快就获得了好评,其设计特点是前端带有又宽又低的蛋箱形进气格栅。其车身全部由斯卡列蒂(Scaglietti)打造,车身采用钢材及铝材制造而成,并安装在一个2400毫米轴距的钢管底盘上。

此车内部是用真皮装饰的,带有两个纵深的桶形座椅。座椅后面是带有皮革带的行李平台和覆盖包裹架的菱形格盖板。

1962年法拉利 250 GT Berlinetta Lusso
(宾尼法利纳车身)

1962年法拉利 250 GT Berlinetta Lusso(宾尼法利纳车身)

# 250 LM
## 1963年

发动机：3285.72 毫升，V12
最高车速：287千米/时

1963年10月，法拉利250 LM在巴黎车展上亮相。车名中的"LM"是Le Mans（勒芒）的缩写。作为250 P的继任者，250 LM很好地完成了它的历史使命——法拉利依靠250 LM在1965年的勒芒24小时耐力赛中勇夺冠军。这也是法拉利在勒芒赛场上的最后一次胜利。

由于FIA（国际汽车联合会）拒绝将这款车定义为GT车型，这不仅给其销售带来了影响，并且迫使该款车要与真正的原型车竞争，从而降低了其成功的可能性。

250 LM赛车堪称法拉利赛车中最漂亮的车型，它的车身由宾尼法利纳（Pininfarina）设计，采用3.285升V12发动机，最大功率235千瓦（320马力），干式油底壳，钢管底盘，铝制车身，前纵置发动机、后轮驱动，配5速手动变速器，最高车速为287千米/时。法拉利250 LM总共只生产了32辆，现在每辆250 LM都价值上亿元人民币。

1963年法拉利 250 LM（宾尼法利纳车身）

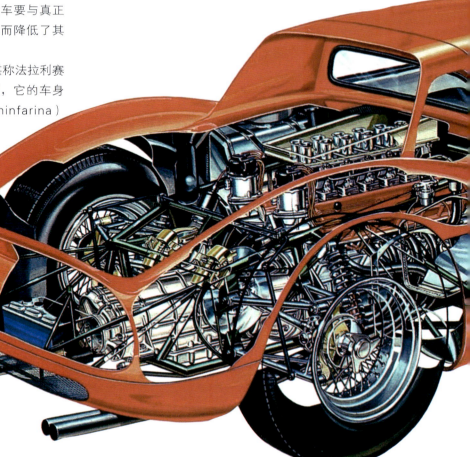

1963年法拉利 250 LM（宾尼法利纳车身）

第四章 20世纪60年代车型

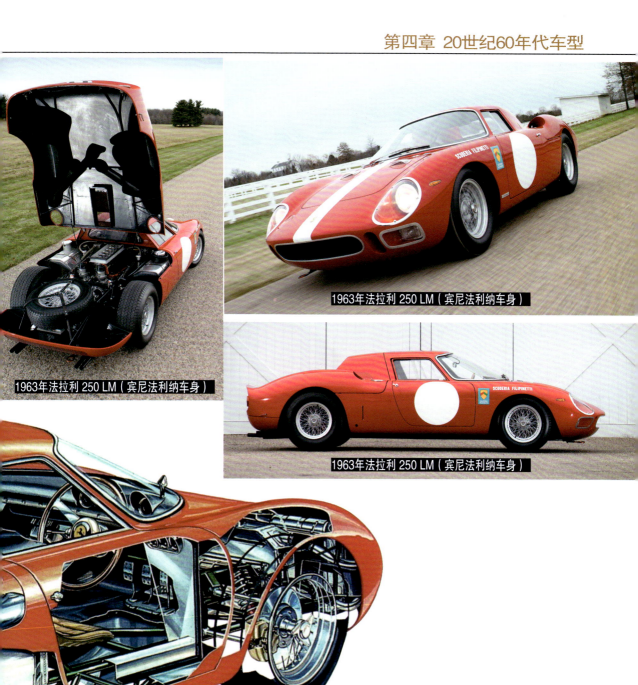

1963年法拉利 250 LM（宾尼法利纳车身）

1963年法拉利 250 LM（宾尼法利纳车身）

1963年法拉利 250 LM（宾尼法利纳车身）

1963年法拉利 250 LM（宾尼法利纳车身）

# 500 Superfast
**1964年**

发动机：4962.96毫升，V12
最高车速：280千米/时

1964年法拉利500 Superfast（宾尼法利纳车身）

500 Superfast最早在1964年的日内瓦车展上亮相，并进行小批量生产，直到1966年停产。这也是法拉利小批量生产的最后一款Coupe车型。由于这一系列量产车的需求量不断增加，一致性也不断提高，尽管销售价格不断飙升，但小批量生产的加工方式变得越来越不可行。

和400 Superamerica相同，500 Superfast车型编号也是指发动机总排量，而非单个气缸的排量。

1964年法拉利500 Superfast（宾尼法利纳车身）

500 Superfast每月只生产两辆，总共生产了36辆。由法拉利提供330 GT的底盘，然后由宾尼法利纳（Pininfarina）打造车身及内饰，并重新改造了原来的5.0升V12发动机，使最大功率提高到294千瓦（400马力），以用来驱动变重的车身。

该车型仍为2+2座位布局，前纵置发动机、后轮驱动，配4速或5速手动变速器，前后都是采用盘式制动器，最高车速为280千米/时。

1964年法拉利500 Superfast（宾尼法利纳车身）

第四章 20世纪60年代车型

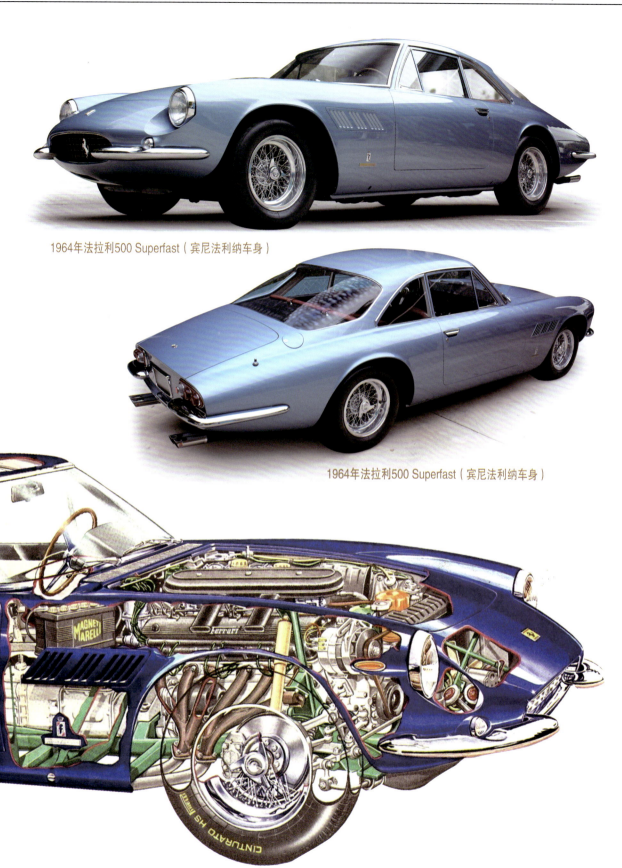

1964年法拉利500 Superfast（宾尼法利纳车身）

1964年法拉利500 Superfast（宾尼法利纳车身）

# 275 GTB
## 1964年

发动机：3285.72毫升，V12
最高车速：258千米/时

275 GTB Berlinetta在1964年巴黎车展上一举取代250 GT Lusso，这标志着法拉利公路版跑车生产历史上两个里程碑的诞生：首次在一个驱动桥总成中使用了变速器和差速器组合单元；首次采用了独立后悬架系统。

为了增加抓地力，此车采用了最大功率为206千瓦（280马力）的V12发动机，并带有干式油底壳。由于发动机的总重量减轻，故可将其安装在底盘的更低处，从而降低重心，提高操控性能。

此车车身由宾尼法利纳（Pininfarina）设计，斯卡列蒂（Scaglietti）制造。尽管一些车型采用全铝车身，但通常采用钢制车身，配备铝制的车门、发动机舱盖和行李箱盖。

1964年法拉利275 GTB（宾尼法利纳车身）

采用合金轮圈

1964年法拉利275 GTB（宾尼法利纳车身）

第四章 20世纪60年代车型

# 275 GTS
## 1964年

发动机：3285.72 毫升，V12
最高车速：242千米/时

在1963年年初250 GT California停产将近两年之后，275 GTS Spider于1964年在巴黎车展上与275 GTB同时亮相，让敞篷式车型又回归法拉利跑车阵营。

275 GTS与275 GTB装备有相同的独立后悬架和后置变速器。尽管也装备了相同的干式油底壳，但275 GTS V12发动机的最大功率降低了15千瓦（20马力）左右。考虑到该车的类型及其目标客户，其最大转矩和操控性更受重视，因为它们比最大功率更重要。

与275 GTB相比，275 GTS车身线条更为柔和，也更为保守。275 GTB带有合金轮圈，而275 GTS则装有钢丝轮圈。

采用钢丝轮圈

1964年法拉利275 GTS（宾尼法利纳车身）

1964年法拉利275 GTB（宾尼法利纳车身）

# 330 GTC
1966年

发动机：3967.44毫升，V12
最高车速：242千米/时

330 GTC Coupe在1966年日内瓦车展上作为法拉利量产汽车系列的额外车型亮相。其车身由宾尼法利纳（Pininfarina）设计，在都灵的工厂组装后再被运至法拉利装配机械部件。

这一车型兼备了275 GTB Berlinetta和更为平稳的330 2+2 Coupe的特点——它使用了与275 GTB Berlinetta相同的底盘，又沿用了330 2+2 Coupe的4升V12发动机。在1966年的日内瓦车展上一亮相就大获成功：宾尼法利纳的典雅车身设计仿效了500 Superfast的前部和275 GTS的后部。330 GTC直到1968年年末才停产，总共生产了大约600辆。

1966年法拉利 330 GTC Coupe（宾尼法利纳车身）

1966年法拉利 330 GTS Spider（宾尼法利纳车身）

第四章 20世纪60年代车型

1966年法拉利 330 GTS Spider（宾尼法利纳车身）

1966年法拉利 330 GTS Spider（宾尼法利纳车身）

# 330 GTS
## 1966年

发动机：3967.44 毫升，V12
最高车速：242千米/时

　　作为330 GTC的跑车版，GTS在1966年10月的巴黎车展上首次亮相。它采用与330 GTC相同的V12发动机。车身由宾尼法利纳设计，简洁典雅，很快受到了车迷的欢迎。GTS为法拉利在高性能豪华敞篷跑车领域赢得了更多的声望。

　　330 GTS车型的生产一直持续到1968年年底，后来升级（装上了4.4升发动机，进行了微小装饰性改变）成为365 GTS车型。

# Dino 206 GT
1967年

发动机：1986.60 毫升，V6
最高车速：235千米/时

法拉利小型发动机（相对于当时其他型号）的出现是因为1967年F2赛车运动规定，赛车的发动机必须以量产为基础，生产的数量不得少于每年500台。当时，法拉利还不能制造那么多台发动机。为了获取参赛资格，法拉利与菲亚特结盟。菲亚特生产发动机，并装备在菲亚特的Dino（迪诺）车型上，同时也向法拉利提供发动机供其使用。所有车型，无论是菲亚特还是法拉利的，均使用"Dino"手写徽标。

Dino这个车名的第一次使用是用于20世纪50年代末配有V形发动机的F1赛车上。Dino是恩佐·法拉利（Enzo Ferrari）儿子的教名，他曾参与V形发动机设计项目，在1956年去世。

变速器的设计、开发、制造均在法拉利内部进行。到1967年11月都灵车展时，车身细节的精调实际上已经完成，展示的样车与随后生产的车型几乎完全相同。

Dino 206 GT从1968年开始生产，1969年停产，随后Dino 246 GT诞生——2.0升发动机由2.4升发动机替代，其他细节亦有变化。车名中206是指2.0升6缸发动机；246则是指2.4升6缸发动机。

每个车轮都装有伺服助力的通风盘式制动器，配有通过叉形臂、螺旋弹簧和液压减振器构成的独立悬架系统，并具有前后防侧倾稳定杆。

虽然Dino作为一个单独车款推荐，但并不失法拉利传统风格，因此销售宣传册是这样描述它的："微型、灿烂、安全……近乎是一款法拉利"。

1967年Dino 206 GT（宾尼法利纳车身）

第四章 20世纪60年代车型

# 312 F1
### 1966年

法拉利312赛车最早始于1966年赛季，因为从这个赛季开始才允许使用3.0升发动机。法拉利312就是一辆采用3.0升V12发动机的赛车。但在20世纪60年代，法拉利F1赛车并不像今天这么强势，在1966—1969赛季，法拉利一直使用312赛车征战F1沙场，但出场38次，只取得三次胜利。

法拉利312赛车采用3.0升V12发动机，故称为"312"

1966年时每侧放置六根排气管。到了1967年，所有排气管都放置在上部了

1966年法拉利312 F1赛车

1967年法拉利312 F1赛车

# Dino 246 GT
**1969年**

发动机：2419.20毫升，V6
最高车速：235千米/时

Dino 246 GT是从Dino 206 GT演变而来的，并配有功率更大的V6发动机。发动机排量从2.0升增加到2.4升，缸体材料也从铝改为铸铁。轴距延伸了60毫米。两款车的设计几乎相同，除了车身更长之外，Dino 246 GT还有更长的发动机舱盖。这一车型在商业上取得了极大的成功，共生产了三个系列。在1973—1974年间停产后，需求量仍然很高。

1969年，也就是Dino 246 GT开始生产的时候，恩佐·法拉利（Enzo Ferrari）与菲亚特的掌门人吉安尼·阿涅利（Gianni Agnelli）达成协议，由菲亚特接管法拉利公司的量产车业务。此时恩佐·法拉利已经70多岁，除了确保量产车业务的长

1969年Dino 246 GT（宾尼法利纳车身）

第四章 20世纪60年代车型

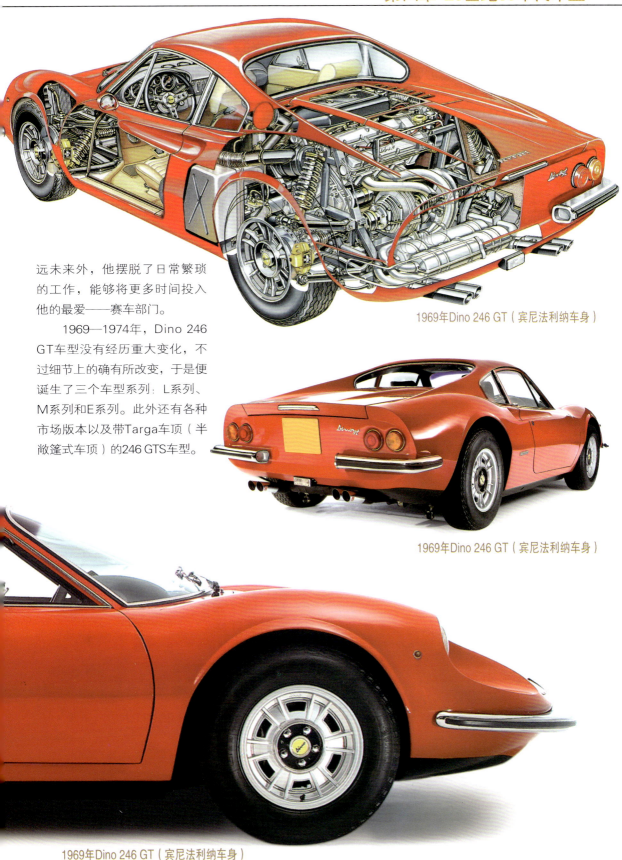

远未来外,他摆脱了日常繁琐的工作,能够将更多时间投入他的最爱——赛车部门。

1969—1974年,Dino 246 GT车型没有经历重大变化,不过细节上的确有所改变,于是便诞生了三个车型系列:L系列、M系列和E系列。此外还有各种市场版本以及带Targa车顶(半敞篷式车顶)的246 GTS车型。

1969年Dino 246 GT(宾尼法利纳车身)

1969年Dino 246 GT(宾尼法利纳车身)

1969年Dino 246 GT(宾尼法利纳车身)

# 365 GTS
**1969年**

发动机：4390.35毫升，V12
最高车速：245千米/时

  365 GTS制造于1969年2月至10月间，拥有与365 GT 2+2和365 GTC相同的机械结构。V12发动机由三个韦伯（Weber）化油器供油，有着强大的转矩和功率。后置五速变速器确保了前后轴重量的均匀分布。另外该车可选装空调和钢丝轮圈。365 GTS一共只生产了20辆。

1969年法拉利365 GTS（宾尼法利纳车身）

# 365 GTB4
**1968年**

发动机：4390.35毫升，V12
最高车速：280千米/时

  365 GTB4 Berlinetta取代了275 GTB4车型，正如该时期多款法拉利新车型一样，365 GTB4于1968年秋季在巴黎车展上亮相。该车型几乎立即被称为"Daytona"——这是当时媒体起的一个非官方名称，应该是为了嘉奖法拉利在1967年戴托纳（Daytona）24小时耐力赛中包揽前三名的出色成绩。然而，这个非官方名称深得人心，一直沿用至今。

  流畅而具有现代感的宾尼法利纳（Pininfarina）线条与六个韦伯双阻风门40毫米化油器给油的4.4升V12发动机相得益彰，后置变速器驱动桥提供的出色的重量分布赋予了该车型罕见的平衡度，保证了独一无二的驾驶感觉。

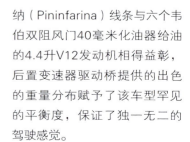

1968年法拉利365 GTB4（宾尼法利纳车身）

# 365 GTS4
**1969年**

发动机：4390.35毫升，V12
最高车速：280千米/时

365 GTB4的敞篷车版本365 GTS4在1969年的法兰克福车展上首次亮相。车展上公众和汽车专业媒体都对该车型极为关注。该车型延续了Coupe的机械特征和性能，其设计在今天看来依然十分出色。作为365 California合格的继任者，高昂的价格并没有阻碍其销售上的成功，尤其是在美国，它至今仍被认为是一款备受推崇的车型。

1969年法拉利365 GTS4（宾尼法利纳车身）

1969年法拉利365 GTS4（宾尼法利纳车身）

1968年法拉利365 GTB4（宾尼法利纳车身）

# Chapter 5  1970s Models
# 第五章  20世纪70年代车型

20世纪70年代法拉利的公路跑车造型以楔形为主，相对之前和之后年代的车型而言都显得较为平庸，甚至有人称这些车更像是菲亚特汽车而不是法拉利汽车。因为从1969年起，菲亚特已全面接管法拉利的公路跑车业务。

## 312 P
1971年

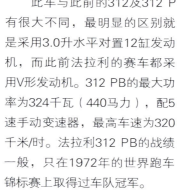

发动机：2991.01毫升，B12
最高车速：320千米/时

全新的1971版法拉利大奖赛原型车装有水平对置12缸发动机。许多报道在其名称中的P后面加上字母B（水平对置的简称）代表所用发动机的类型，即312 PB。但这一名称没有被法拉利正式认可，法拉利官方只将这款车称为1971 312 P。除了发动机全新之外，底盘在某种程度上也有所不同，铝板被铆接在小直径管状车身上——这意味着向承载式车身更进了一步。

采用3.0升水平对置12缸发动机，故取名"312"

后置式5速手动变速器

**1971年法拉利312 P赛车**

此车与此前的312及312 P有很大不同，最明显的区别就是采用3.0升水平对置12缸发动机，而此前法拉利的赛车都采用V形发动机。312 PB的最大功率为324千瓦（440马力），配5速手动变速器，最高车速为320千米/时。法拉利312 PB的战绩一般，只在1972年的世界跑车锦标赛上取得过车队冠军。

**1971年法拉利312 P赛车**

# 第五章 20世纪70年代车型

## 308 GTB
### 1975年

发动机:2926.90毫升,V8
最高车速:252千米/时

人们期待已久的Dino 246 GT的继任者308 GTB车型,在1975年巴黎车展上首次亮相。宾尼法利纳设计的车身有着明显的楔形剖面,矩形蛋箱形铝制进气格栅位于细长的哑黑色前保险杠下方。然而,车身细节上延续了Dino 246 GT的很多关键设计元素,包括圆齿进气孔、双环形尾灯组件和垂直凹面后风窗。本质上,该车外形是对Dino车型的一次革新,很好地继承了前款车型,体现了连续性,赢得了媒体和客户的赞赏。

308 GTB有个并不十分明显的特征,就是除了铝制前盖以外,装备有全玻璃纤维车身。这是法拉利首款使用玻璃纤维作为车身材料的量产跑车。事实上该创意并没有在大批量车型生产中复制。而且从1976年下半年开始,又回归到更加传统的钢制和铝制车身。

车名中的B代表Berlinetta(双门跑车)。

1975—1980年期间,308 GTB产量共计为2897辆。

采用3.0升8缸发动机,故取名"308"

1975年法拉利 308 GTB 钢制车身(宾尼法利纳车身)

**法拉利首款使用玻璃纤维作为车身材料的量产跑车**

1975年法拉利 308 GTB 玻璃纤维车身(宾尼法利纳车身)

# 400 Automatic
## 1976年

发动机：4823.16毫升，V12
最高车速：240千米/时

在1976年的巴黎车展上，400系列取代了365 GT4 2+2车型成为主力车型。400 Automatic是首个装有自动变速器的法拉利量产跑车。与365车型一样，该车型数字是指单缸排量。尽管新发动机有着与其前任相同的81毫米缸径，但活塞行程增加到78毫米，使得总排量成为4823毫升。

博格华纳（Borg Warner）的3速自动变速器很快就受到法拉利客户的欢迎，这可能令"纯粹主义者"惊讶不已。最大功率为250千瓦（340马力）的动力通过传动轴从自动变速器传到防滑差速器上，再通过半轴传到带有液压并可调节高度的独立悬架的后轮上。

400 Automatic的车身仍由宾尼法利纳（Pininfarina）位于都灵的工厂完成，然后运送到法拉利位于马拉内罗（Maranello）的工厂安装机械组件。此车型直到1979年11月才停产，这期间共生产了355辆。

1976年法拉利 400 Automatic（宾尼法利纳车身）

# 512 BB
## 1976年

发动机：4943.04毫升，B12
最高车速：302千米/时

512 BB在1976年的巴黎车展上发布，取代365 GT4 BB并一直生产到1981年，随后它被512 BBi取代。后者采用燃油喷射系统来替代化油器。在此期间，512BB共生产了929辆。

新车型的名称比它的前任更加显而易见，而且它摒弃了法拉利以单缸排量命名的习惯，延续了从Dino系列的命名方式：发动机总排量和气缸总数目。因此，512车名表示的是5升12缸发动机。车型名称中的"BB"是指"Berlinetta Boxer"，表示采用水平对置发动机的双门跑车。

1976年法拉利 512BB（宾尼法利纳车身）

第五章 20世纪70年代车型

# 365 GT4 BB
## 1973年

发动机：4390毫升，B12

为了回应兰博基尼Miura及Countach超级跑车的挑战，法拉利在1971年的都灵车展上展出了365 GT4 BB车型。此车型是法拉利第一款采用水平对置发动机的公路跑车，但直到1973年才正式开始生产和销售。

其实此车也是悬挂腾马标志的第一款中置发动机公路跑车。它不像此前曾采用中置发动机的Dino 246 GT那样将发动机横置在后轴前，而是将发动机纵向放置在后轴前。

车型号中"365"是指单个气缸排量，"4"是指凸轮轴总数量，而"BB"是"Berlinetta Boxer"的缩写，代表"采用水平对置发动机的双门跑车"。

**第一款采用水平对置发动机的法拉利公路跑车**
**第一款采用中置发动机的法拉利公路跑车**

1973年法拉利365 GT4 BB（宾尼法利纳车身）

水平对置12缸发动机

1976年法拉利512BB（宾尼法利纳车身）

# Dino 308 /208 GT4
**1973年**

发动机：2926.90毫升，V8
最高车速：250千米/时

Dino 308 GT4于1973年亮相巴黎车展。令人惊讶的是，此车的车身造型并不是由宾尼法利纳（Pininfarina）设计的，而是采用了博通（Bertone）工作室的设计。据称是因为菲亚特Dino Coupe设计出自博通手笔，因此菲亚特建议仍由博通操刀Dino 308 GT4的车身设计。博通创作了魅力十足的中置发动机2+2车型，其车身不超过4.3米，这是一个了不起的成就。

车名中的"Dino"一直保留至1976年年底，当时因为备受欢迎而将名称改为法拉利。此车型的生产持续了7年，直到1980年由Mondial 8车型所取代。

这款新车为法拉利创造了两个第一：尽管最初以Dino名字，但这是法拉利第一款中置发动机2+2车型，同时也是法拉利第一款装备有V8发动机的量产公路版车型。

1975年，法拉利在意大利市场又推出了208 GT4，配有2升V8发动机。因为那时意大利对超过2.0升的汽车征收惩罚性税收。

1973年Dino 308 GT4（博通车身）

第五章 20世纪70年代车型

# 308 GTS
## 1977年

发动机：2926.90 毫升，V8
最高车速：252千米/时

敞篷驾驶的乐趣在许多法拉利车迷心中具有特别的地位。1977年，法拉利与宾尼法利纳（Pininfarina）共同开发了308 GTS，使梦想成真。在不使用时，其半敞篷式Targa硬顶可以整齐地存放在座位后面。该车型的底盘经过特别加强，以弥补顶板缺乏整体性的特点。此车性能与308 GTB相当。

308 GTS在1977年法兰克福车展上正式加入法拉利车型系列的大家庭。车型名称中的"S"代表"Spider"。与Dino 246 GTS一样，Spider的称号在某种程度上只是一个标签，因为此车型实际上带有Targa车顶，敞篷驾驶时车顶可以收纳到座位后面。

1977年法拉利 308 GTS（宾尼法利纳车身）

1977年法拉利 308 GTS（宾尼法利纳车身）

1973年Dino 308 GT4（博通车身）

# Chapter 6　1980s Models
# 第六章　20世纪80年代车型

20世纪80年代，在菲亚特的投资下，法拉利公路跑车开始注重大批量生产，试图以量取胜。虽然其造型设计没有走出菲亚特汽车的阴影，但还是诞生了GTO和F40等超级性能跑车。

## Mondial 8
### 1980年

发动机：2926.90毫升，V8
最高车速：230千米/时

在1980年日内瓦车展上，全新的Mondial 8在车迷的期盼中问世。它是308 GT4真正的继承者，其造型反映了宾尼法利纳（Pininfarina）那高性能、中置V8发动机、2+2座Coupe车型的回归。Mondial 8的轴距比原款车型长100毫米，为后座提供了更大的空间。良好的防腐蚀处理、大量对细节的精心处理、更具人体工程学特性的内饰以及技术领先的高性能发动机，造就了法拉利首款在各方面都具有吸引力的车型典范。

Mondial 8车型名称中的"Mondial"是对法拉利历史的追忆，指的是20世纪50年代中期的同名赛车，而数字"8"是指发动机的气缸数。这是法拉利首次在全新公路版车型中将燃油喷射作为标准装配。

其车体设计出自宾尼法利纳之手，除发动机尺寸外，其他装配设计都比前款车型大。驾驶室较308 GT4更宽、更轻，轴距增加了100毫米，前后轮距分别增加了35毫米和57毫米。车体的增长令汽车重量增加了144千克，再加上燃油喷射系统，使得Mondial 8比308 GT4拥有更为舒适的驾驶性能。

Mondial 8与同时期的法拉利两座V8车型一样，继续采用楔形车身，散热器格栅置于前保险杠下。另一项招致颇多争论的设计是车门后侧围上发动机舱的大型梯形进气栅格。早期车型的这一进气栅格被刷成

1980年法拉利 Mondial 8
（宾尼法利纳车身）

# 第六章 20世纪80年代车型

1980年法拉利 Mondial 8（宾尼法利纳车身）

## 首款标准配备燃油喷射系统的公路跑车

缎黑色，而非车身色彩，显得更为突兀——尤其是浅色车身车型争议更多。内饰中有四个桶形座椅，后部座椅由一个较大中心扶手隔开，上面有一个松紧式储物袋。

Mondial 8于1980—1982年间生产，共计703辆。

1980年法拉利 Mondial 8（宾尼法利纳车身）

# GTO
## 1984年

发动机：2855.08毫升，V8
最高车速：305千米/时
0—100千米/时加速时间：4.9秒

1984年法拉利GTO（宾尼法利纳车身）

GTO（非正式场合加上288前缀）由恩佐·法拉利在1983年9月公布，并在1983年9月的日内瓦车展上正式亮相，当时此车受到了公众极大的追捧。它颇具历史含义的名字、宾尼法利纳（Pininfarina）的特有造型、动力强劲的2.8升8缸发动机以及复合材料的广泛使用，让GTO在市场上成为与赛车最为接近的车型。为满足客户需求，GTO共生产了272辆（原计划只生产200辆），并且所有车辆都在订单期间就一售而空。

该车型在1984—1986年间生产。其官方名称为GTO，尽管大多数人喜欢将其称为"288 GTO"，以区别于之前的250 GTO及之后的599 GTO车型。名称中的数字288是指采用2.8升8缸发动机。

1984年法拉利GTO（宾尼法利纳车身）

# 第六章 20世纪80年代车型

1984年法拉利 GTO（宾尼法利纳车身）

1984年法拉利 GTO（宾尼法利纳车身）

### 车名中GTO的含义

GTO是意大利语Gran Turismo Omologata的缩写，意指"符合赛车标准的公路版跑车"。法拉利于1962年推出的250 GTO，在20世纪60年代曾经横扫GT类比赛；1984年推出的GTO（又称288 GTO）也是红极一时，堪称现代超级跑车鼻祖；2010年推出的599 GTO又成为当时速度最快的法拉利公路跑车。时至今日，这三款GTO已成为收藏家眼中的绝世珍品。

# Testarossa
### 1984年

发动机：4943.04 毫升，B12
最高车速：290千米/时
0—100千米/时加速时间：5.8秒

1984年10月的巴黎车展见证了Testarossa的回归。该车型是对512 BBi的传承。宾尼法利纳（Pininfarina）的设计颠覆了传统，极具创新意义。侧部进气口远大于原来车型的进气口，并成为Testarossa最醒目的特征。

该车型装配有水平对置12缸发动机，每缸有四个气门，并配有燃油电子喷射系统，最大功率287千瓦（390马力）——这是当时在量产运动跑车上安装的动力最强劲的发动机。

Testarossa车型的命名极富传统意义，源自20世纪50年代末大获成功的500和250 Testa Rossa系列运动赛车。Testa Rossa意大利语为"红头"，是指涂在运动赛车发动机气缸盖上的颜色。

该车于1984年巴黎车展前夕，在巴黎香榭丽舍大街的丽都夜总会闪闪发光的氛围中首次亮相。在第二天正式向公众发布之前，应邀记者和嘉宾有幸一饱眼福。

因为发动机散热器安装在车身两侧，通过车侧进气口即可获得冷却空气，所以不需要前端进气口。因此，车鼻处的"进气格栅"仅为装饰，只是为了延续法拉利的传统风格。

该车型一直生产到1991年底，后被512 TR取代，产量总计为7177辆。

1994年，512TR被F512取代，但它们的外形基本没有什么变化，主要是动力系统有所改进。

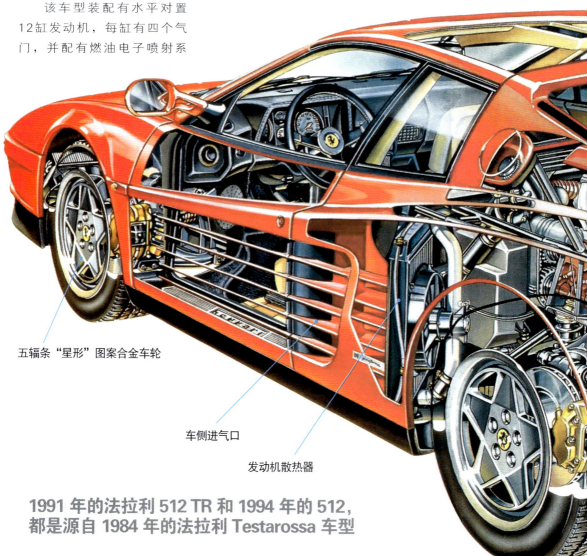

五辐条"星形"图案合金车轮
车侧进气口
发动机散热器

**1991 年的法拉利 512 TR 和 1994 年的 512，都是源自 1984 年的法拉利 Testarossa 车型**

# 第六章 20世纪80年代车型

1984年法拉利Testarossa（宾尼法利纳车身）

"进气格栅"是伪装的

1984年法拉利Testarossa（宾尼法利纳车身）

采用水平对置12缸发动机，每侧缸组双顶置凸轮轴，每缸四气门，最大功率287千瓦（390马力）。这是当时在量产运动跑车上安装的动力最强劲的发动机

1984年法拉利Testarossa（宾尼法利纳车身）

# F40
### 1987年

发动机：2936.25 毫升，V8
最高车速：324千米/时
0—100 千米/时加速时间：4.1秒

F40是为庆祝法拉利成立40周年而生产的。这是由宾尼法利纳（Pininfarina）设计的非常快速的Berlinetta跑车，其车身主要由复合材料制成。其卓越的性能、带涡轮增压的发动机加上一流的底盘，让它具备接近赛车的巨大动力。车迷们满怀热情地欢迎新车的面世，其产量大大超出了公司的预期。

F40于1987年年中发布时，由宾尼法利纳设计的车身造型让众人目瞪口呆。新车简单粗犷，看上去像赛车车型，但又完全符合公路驾驶法规，如果你愿意，还可以开着它去购物。F40车型名称中，"F"代表法拉利，40代表法拉利创立40周年。这也是恩佐·法拉利（Enzo Ferrari）于1988年8月逝世之前参加的最后一次新车发布会。

公众很喜欢这款车型，客户手拿支票簿排成长队，纷纷加入等候名单，尽管法拉利拒绝说出生产的数量和生产期限。这是为了避免再次发生GTO发布时引起的那种混乱，所以故意不确定生产期限。但这无济于事，人们的热情持续高涨。

F40是如此不同凡响，如此神速，如此令人渴望，大家都想拥有它，而且都想马上拥有！

在1989年的超级跑车风靡时期，这款车竟然以约100万英镑的价格转手倒卖！该车的生产一直持续到1992年，在此期间共生产了1311辆，几乎是GTO数量的5倍。

F40是第一种车身板以复合材料为主的系列量产车型，其车身总共只分成11个构件。这是因为它有较大的单块前部和后部。

中置发动机与GTO上的一样，为90°纵置V8发动机，总排气量为2936毫升。每个气缸有四个气门，每侧气缸带有双顶置凸轮轴，每侧均有自己的传动带和干式油底壳，具有双水冷式涡轮增压器。据称在转速为7000转/分钟时，发动机可提供352千瓦（478马力）的输出功率。差速器安装在发动机后，与后置5速同步器变速器装

1987年法拉利 F40（宾尼法利纳车身）

# 第六章 20世纪80年代车型

在一起。

F40在舒适性方面有所提高——安装了空调，并作为标准配置。车内的其他装饰是极其简朴的，只有一对盖着红布的运动座椅；除了车顶内饰、毛毡覆盖的仪表板与中央通道，以及驾驶人的橡胶脚垫之外，再无其他内饰，只有简单的或喷漆的复合材料表面。在早期系列的车型上，没有电动车窗，只有车门内侧简单的手动车窗升降摇柄，而车门释放闩则是车门储物盒里的一根光秃秃的拉线。这一极其简洁的内饰风格突出了赛车驰骋公路上时的魅力，打造了一个严肃认真的赛车形象。

1987年法拉利F40（宾尼法利纳车身）

1987年法拉利F40（宾尼法利纳车身）

# Chapter 7  1990s Models
# 第七章  20世纪90年代车型

到20世纪90年代,法拉利好像突然醒悟,不论是外观造型还是内在性能上,都开始超凡脱俗,重新稳稳地确立自己在超级跑车领域的霸主地位。

## 348 GTB

1993年

发动机:3404.70 毫升,V8
最高车速:280千米/时
0—100 千米/时加速时间:5.4秒

348 GTB是由348 TB改装而来的双座跑车,其动力性能特征符合法拉利品牌的传统。348 GTB的运动性能在赛道上有着杰出的表现。这款车的外形设计十分流畅并且具有高效的空气动力学特性,安装在中间的V8发动机确保车身重量分布更加完美。

348 GTB的外观设计来自宾尼法利纳(Pininfarina)。经过大量设计工作以及在风洞完善其流线形外形,348 GTB 显得极为漂亮。考虑到其运动型配置,348 GTB 的内部空间和驾驶人座椅的设计都令人感到非常舒适。座椅及装饰材料选用毛绒和 Connolly 皮革。

348 GTB 拥有异化管状材料制造的钢制承载式车身,搭载 3.405 升 V8 发动机,中后置纵置,拥有双顶置凸轮轴,每缸 4 个气门,最大功率235千瓦(320马力)。348 GTB还配有干式油底壳和5速横置变速器。

1993年法拉利348 GTB(宾尼法利纳车身)

1993年法拉利348 GTB(宾尼法利纳车身)

第七章 20世纪90年代车型

# 348 Spider
## 1993年

发动机：3404.70 毫升，V8
最高车速：280千米/时
0—100 千米/时加速时间：5.4秒

  法拉利 Spider 系列一直是传统运动车型的代表。这种传统化身为设计师着手设计卓越的底盘和传动装置带来了灵感。由宾尼法利纳（Pininfarina）设计的 348 Spider 于 1993 年首次推出，是法拉利 Spider 系列中的最新款。

  348 Spider 为双座，是钢铝混合车身。得益于深入的风洞测试，它的车身线条极为流畅。它的软顶为帆布制，出色地与车身线条融为一体。

  实际上，可以使用一个装置将车顶折叠起来，放置于座位后面的储物箱，而不会影响乘员的舒适感或减小油箱容量。

1993年法拉利348 GTS（宾尼法利纳车身）

1993年法拉利348 Spider（宾尼法利纳车身）

1993年法拉利348 GTB（宾尼法利纳车身）

**半敞篷式 Targa 车身造型**

1993年法拉利348 GTS（宾尼法利纳车身）

# 348 GTS
## 1993年

发动机：3404.70 毫升，V8
最高车速：280千米/时
0—100 千米/时加速时间：5.4秒

  348 GTS在工程设计上几乎与348 GTB完全相同，是一款双座敞篷车，外观设计同样来自宾尼法利纳（Pininfarina）。

  348 GTS采用钢铝混合车身，是典型的半敞篷式Targa车身，其可拆卸车顶可置放在座位后面的储物箱内。

## F355 Berlinetta
### 1994年

发动机：3495.50毫升，V8
最高车速：295千米/时
0—100千米/时加速时间：4.7秒

F355 Berlinetta自1994年在日内瓦国际车展上首次亮相以来，迅速成为同类车型中的标杆。

由设计大师宾尼法利纳（Pininfarina）主持设计的F355，在继承经典元素的基础上添加了更多有力度的创新，成就出一部前所未有的全新力作，一如既往地延续了法拉利的血脉激情。

F355是工程技术与艺术的完美结晶，升功率达到80千瓦/升（109马力/升）。这一数据和其令人赞叹的强大转矩，都归功于该款车型中采用的全新每缸5气门技术+每侧缸组双顶置凸轮轴设计+钛制连杆，使总排量为3.5升的发动机最大输出功率高达279千瓦（380马力）。

第七章 20世纪90年代车型

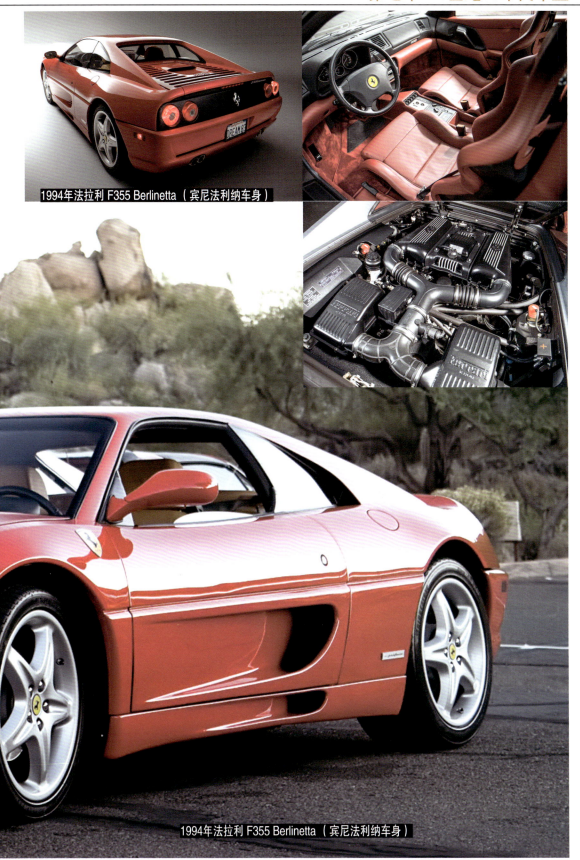

1994年法拉利 F355 Berlinetta（宾尼法利纳车身）

1994年法拉利 F355 Berlinetta（宾尼法利纳车身）

# F50
## 1995年

发动机：4698.50毫升，V12
最高车速：325千米/时
0—100千米/时加速时间：3.87秒

F50是为了庆祝法拉利成立50周年而特别打造的，这是法拉利公司有史以来制造的最接近于F1赛车的公路版跑车。鉴于法拉利在追求高性能方面绝不妥协的纯粹精神，F50完全没有转向助力、动力辅助制动和ABS，但广泛地采用了成熟的复合材料、F1风格的制造技术和空气动力设计。而排量4.7升的发动机本身，也直接源自法拉利1989年F1-89型一级方程式赛车上采用的发动机。

这款车由宾尼法利纳（Pininfarina）设计，相比F40缺少了粗犷之美。它除了缎黑色

1995年法拉利F50（宾尼法利纳车身）

## 第七章 20世纪90年代车型

表面的车侧缩进线条和传统的双尾灯处理外,与任何其他法拉利车型并无共同之处。

F50有很多曲线、进气孔和出气孔,其后翼甚至比F40更引人注目,但其车身形状在设计时考虑更多的是空气动力学性能,而不是美感。它确实有可拆卸硬顶,因此车上乘客能更深切体会到类似F1的驾乘感觉。

车上没有地方可存放硬顶,因此装配了一个较小的帆布顶篷,以防硬顶被拆下后遭遇恶劣天气。

硬顶未被拆卸时,车身的流线形更好。而硬顶被拆卸后,两个防滚架与车身线条融为一体,使整体造型更为流畅。

发动机总排量为4700毫升,每个气缸有5个气门,每侧气缸带有双顶置凸轮轴,每侧均有自己的链驱动、干式油底壳。据称在转速为8000转/分钟时,该发动机能提供382千瓦(520马力)的输出功率。

差速器安装在发动机后部,与后置6速变速器装在一起。

1995年法拉利F50(宾尼法利纳车身)

# 360 Modena
## 1999年

发动机：3586.20毫升，V8
最高车速：295千米/时
0—100千米/时加速时间：4.5秒

360 Modena在1999年的日内瓦车展上亮相，取代了备受人们喜爱的F355，并且在它5年的生产周期中，未对其内外设计进行任何修改。

在魅力超凡的F355之后，360 Modena彻底背离了法拉利的古典风格，蛋形进气格栅也在此款车中消失。蛋形进气格栅曾是法拉利汽车的传统特色。

在360 Modena的设计过程中，空气动力学因素起了重要作用，因而360 Modena的前端有双进气栅格，两侧各有一个。这可以使气流从凸起的中央部分的下面通过平坦的底部进入双后扩散器，有助于在汽车速度提升时增加下压力。

360 Modena是法拉利首款采用全铝制承载式底盘的公路版车型。底盘不同部分用不同的铝合金钢材制成，通过12个铝节点焊接在一起。和其取代的F355相比，这一结构使刚性增加了40%，重量减轻了28%。

该款发动机的设计源自F355，并将排气量提升至3.6升，这也是这款车车名的由来。安装在车身中部的纵置V8发动机的排气量可达3586毫升，每缸5气门，每侧气缸双顶置凸轮轴和干式油底壳。

缸体、缸盖、油底壳都是用轻合金制成的，带有镀镍硅合金的气缸套和钛合金连杆。该车安装有博世燃油喷射及点火管理系统，这是一种线控节气门系统，据称最大输出功率可达298千瓦（400马力），配6速变速器。

《公路测试年鉴》（Road Test Yearbook，20世纪最后出版的一期）中将这款车称为"世界上最棒的跑车"。

1999年法拉利360 Modena（宾尼法利纳车身）

第七章 20世纪90年代车型

1999年法拉利360 Modena（宾尼法利纳车身）

1999年法拉利360 Modena（宾尼法利纳车身）

# Chapter 8  2000s Models
# 第八章  21世纪初车型

进入新世纪后，法拉利更加注重新技术的应用，从而使"腾马"不仅在赛场上捷报频传，而且在超级跑车领域也让对手越来越望尘莫及。

## 360 Spider
**2000年**

发动机：3586.20 毫升，V8
最高车速：290千米/时
0—100 千米/时加速时间：4.6秒

2000年法拉利 360 Spider（宾尼法利纳车身）

360 Spider是法拉利第20款公路型敞篷跑车。尽管该车拥有中置V8发动机，法拉利的工程师们还是想办法设计出了一种发动机罩，使它可以自动折叠在发动机舱内，以确保不影响车身的流畅线条。

车身座椅后部的两个扰流片强化了该设计的内在品质，让人联想到经典运动跑车。车内还安装有两个防滚架，为驾乘者提供了较高的安全性。

不管车顶是处于支起还是收起状态，360 Spider的最高车

2000年法拉利 360 Spider 发动机

# 第八章 21世纪初车型

速都能达到290千米/时。

　　360 Spider工程师的目标之一是保留360 Berlinetta 的气动效率。通过使用双散热器和一块车身底板将车底空气引导至车尾的排气管，使得该目标得以实现。长时间的风洞测试还意味着，即使没有导流板或翼板，360 Spider 在极速状态下依旧能产生超过1667牛的下压力，这只比360 Berlinetta 少98牛。而这个下压力是通过在车尾前缘加装由 F1赛车 衍生而来的导流板实现的。

2000年法拉利 360 Spider（宾尼法利纳车身）

2000年法拉利 360 Spider（宾尼法利纳车身）

# Enzo Ferrari
## 2002年

发动机：5998毫升，V12
最高车速：350千米/时
0—100千米/时加速时间：3.65秒

多年以来，法拉利推出了一系列的超级跑车，如288 GTO、F40和F50，均代表了法拉利汽车技术成就的最高点。这个代表极限性能的跑车系列在2002年有了一位新成员，即Enzo Ferrari（恩佐·法拉利），它是一级方程式赛车最新技术的表现。

Enzo仅限量生产了400辆，其特点是采用高级复合材料打造车身，采用碳纤维和蜂巢铝打造底盘，并装备了5998毫升排量的V12发动机，最大功率为485千瓦（660马力）。此车型最大亮点为源自F1的极其先进的空气动力学设计，其下压力在车速为300千米/时时达到最高值7600牛，然后在最高时速350千米/时时逐渐降低至5737牛。

Enzo的前端设计，无论是形状还是功能都完全是F1赛车车鼻的翻版；其车身的侧面经过用心雕琢，完全达到车内流体动力的要求。由于工程师更注重细节之处空气动力性能的提升和高效的地面效应，在设计车辆尾部时并没有采用巨大的尾翼。

车辆的控制按钮和开关都集成在方向盘上，这一特点效仿了F1赛车。

Enzo的底盘完全由碳纤维以及蜂窝铝夹层板制成，此类材料可同时满足对刚性、轻量化以及安全性的要求。

Enzo的制动系统由Brembo针对此车而特别开发，其特点是采用碳陶瓷化合物材料制成。虽然这种材料在多年前就已在F1赛车上使用，但法拉利将其用于公路车上还是史无前例。

2002年法拉利Enzo Ferrari（宾尼法利纳车身）

# 第八章 21世纪初车型

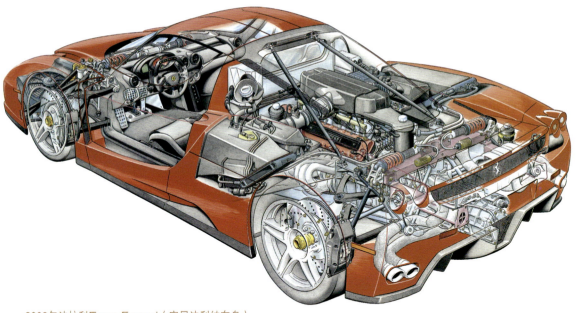

2002年法拉利Enzo Ferrari（宾尼法利纳车身）

2002年法拉利Enzo Ferrari（宾尼法利纳车身）

# 612 Scaglietti
## 2004年

发动机：5748毫升，V12
最高车速：320千米/时
0—100千米/时加速时间：4.0秒

2004年法拉利612 Scaglietti（宾尼法利纳车身）

法拉利612 Scaglietti制造于2004—2010年，它是法拉利456M的替代者。法拉利612 Scaglietti是法拉利车型阵营中为数不多的前置发动机、后轮驱动车型，并且是可以乘坐4位成人的超级跑车。法拉利612 Scaglietti是继360 Modena之后的法拉利第二款全铝车身跑车，也是有史以来首个全铝车身的法拉利12缸跑车。它采用5.7升V12发动机，最大功率为397.2千瓦。此车采用源自F1赛车的变速器F1-SuperFast，换档时间仅为100毫秒，最高车速超过320千米/时，0—100千米/时的加速时间仅为4.0秒。

612 Scaglietti由宾尼法利纳（Pininfarina）设计，并以伟大的汽车设计师塞尔焦·斯卡拉蒂（Sergio Scaglietti）的名字命名。斯

卡拉蒂是一名车身制造商，掌握着铝材料车身制造技术，擅长对铝材的运用，他曾在20世纪50年代和60年代期间设计出法拉利数款知名车型。2011年，612 Scaglietti被法拉利FF所替代。

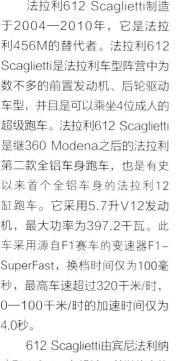

# 第八章 21世纪初车型

# Superamerica
2005年

2005年法拉利Superamerica（宾尼法利纳车身）

发动机：5748.36 毫升，V12
最高车速：320千米/时
0—100 千米/时加速时间：4.25秒

Superamerica兼备法拉利12缸Berlinetta（双门跑车）的卓越性能以及多功能敞篷车上各种独创设计的优点。Superamerica也是首个采用创新型电动车顶的跑车。这种车顶采用了专为大型玻璃表面研发的电致变色技术，在数秒之内即可将车辆从双门轿车变身为敞篷跑车。

Superamerica拥有F1式变速器，并装备新款V12发动机，可提供397千瓦（540马力）的强大功率。

由于拥有动作平滑的电动车顶，Superamerica也曾是世界上最快的敞篷双门跑车，最高车速可达320千米/时。Superamerica是宾尼法利纳精心设计的杰作，其名称取自法拉利在1956—1961年间制造的著名的12缸限量版系列车型。

在Superamerica的V12发动机上，每侧气缸组带有双顶置凸轮轴，每缸4气门，而曲轴箱、气缸盖和油底壳均采用铝合金打造。按法拉利传统，V12发动机还采用了干式油底壳系统。

2004年法拉利612 Scaglietti（宾尼法利纳车身）

2005年法拉利Superamerica采用V12发动机

# FXX

**2005年**

发动机：6262.45毫升，V12
最高车速：345千米/时

  法拉利FXX并未获准在公路上行驶，它只能在赛道上行驶，因此它不是跑车车型。
  FXX由强悍的6262毫升V12发动机提供动力，能够在转速为8500转/分钟时产生588千瓦（800马力）的功率。其变速器是F1所应用技术转移到此车型

**2005年法拉利FXX**

**2005年法拉利FXX**

的结果，换档时间少于100毫秒，这几乎与F1单座赛车一样快。而F1单座赛车本身就代表着汽车技术成果的最高峰。

FXX的空气动力设计也尤为新颖，这一车身造型产生的下压力比历史上任何一款车型都至少多出40%，还可以调整FXX的移动扰流器配置，以适应不同的赛道。

作为特定研发项目的一部分，该项目还首次使用了一组客户测试车手。

2006年法拉利599 GTB Fiorano（宾尼法利纳车身）

# 599 GTB Fiorano
## 2006年

发动机：5999毫升，V12
最高车速：330千米/时
0—100千米/时加速时间：3.7秒

法拉利599 GTB的设计初衷本着几个特定目标：增加驾驶乐趣、保证性能（采用F1单座赛车的技术成果），同时确保舒适度、人体工程学设计以及安全性等。

法拉利599 GTB从静止加速至100千米/时仅需3.7秒，最高车速超过330千米/时。该车的名字源自费奥拉诺（Fiorano）赛道，法拉利在这里磨炼自己的F1赛车和公路版跑车的性能。

GTB是"Gran Turismo Berlinetta"的缩写，它是法拉利历史上最著名的一款双门跑车；"599"是它配备的V12发动机总排量除以10以后得到的数值。

2006年法拉利599 GTB Fiorano（宾尼法利纳车身）

# Chapter 9  2010s Models
# 第九章  21世纪10年代车型

到了21世纪10年代，法拉利可谓是解放思想，不仅推出两厢式超级跑车，更推出别出心裁的四驱系统，车型更新速度也逐渐加快。

## 599 GTO
### 2010年

发动机：5999毫升，V12
最高车速：335千米/时
0—100千米/时加速时间：3.35秒

在599 GTO于2010年推出之前，名字中带有"GTO"的只有1962年的250 GTO和1984的288 GTO两款车型。

599 GTO的空气动力设计充分借鉴了法拉利在F1车赛中积累的宝贵经验，在大幅提升下压力的同时又不增加阻力。该车在车速200千米/时时可产生1.4千牛的下压力。

599 GTO的鼻锥设计旨在缩小车身前部产生的气流宽度，其目的同样是降低阻力。前扰流器装有一个独立的下翼，它能够增加车身前部的下压力和流向发动机散热器的冷气流。

车身两侧采用全新设计，前轮拱更加突出，提高了车身底部中央区段的效率。该车还在前轮前方设有扩散器，以充分优化下压力。此外，该车还配备了新型双曲线尾部扩散器。

法拉利599 GTO装备6.0升V12发动机，在高达8250转/分钟时提供493千瓦（670马力）的峰值功率，而619牛·米的最大转矩则在6500转/分钟时出现。

599 GTO采用赛车式的进气系统设计，较短的进气道提高了进气效率，改善了发动机在高转速下的动力输出。

法拉利599 GTO在费奥拉诺（Fiorano）赛道的圈速仅为1分24秒，使其成为法拉利历史上最快的公路型跑车，比Enzo Ferrari还要快1秒。

该款车型特别限量599辆。

2010年法拉利599 GTO（宾尼法利纳车身）

第九章 21世纪10年代车型

2010年法拉利 599 GTO（宾尼法利纳车身）

# FF
## 2011年

2011年法拉利FF（宾尼法利纳车身）

发动机：6262毫升，V12
最高车速：335千米/时
0—100千米/时加速时间：3.7秒

FF是法拉利历史上第一款四轮驱动跑车。法拉利FF的车身造型由宾尼法利纳（Pininfarina）设计，在2011年3月1日的日内瓦车展上正式首发亮相。

FF是英文Ferrari Four（法拉利4）的缩写。

作为法拉利612 Scaglietti的"接班车"，除了憨态的"大嘴"以外，FF的外观和612没有太多相像之处。法拉利FF前脸的设计比较彪悍，在设计上以Shooting Brake（"猎装车"）掀背风格为主，并加入更多凌厉的线条。

法拉利FF的四轮驱动系统保持了V12法拉利车型重量偏向后方的特征。被命名为4RM（Ruote Motrici）的四轮驱动系统是法拉利的独特设计，能够在路面湿滑的时候利用四驱系统将转矩传输给前轮，同时还能够让车子保持在后轮驱动状态。有关4RM的更详细介绍请参看后面内容。

2011年法拉利FF（宾尼法利纳车身）

## 法拉利第一款四轮驱动公路跑车

2011年法拉利FF（宾尼法利纳车身）

第九章 21世纪10年代车型

## "猎装车"

"Shooting Brake"这个词其实是欧洲人对三门旅行车或者加长掀背汽车的叫法。这个词最初是专门用来称呼打猎用的马车，中文翻译为"猎装车"。

20世纪六七十年代，Shooting Brake车型在欧洲十分流行，当时专指高档双门运动型轿车。这种轿车既有豪华的外观，又有实用的大型行李箱和大型尾门。法拉利FF和奔驰CLS Shooting Brake都可称为现代"猎装车"。

2011年法拉利FF（宾尼法利纳车身）

2011年法拉利FF（宾尼法利纳车身）

# 法拉利4RM四驱系统

法拉利在FF超级跑车上引入了一种全新的4RM四驱系统。这种系统为前轴和后轴分别配置了一个独立的变速器，并由发动机曲轴的两端向外传递驱动力，分别为后轴和前轴系统提供动力，从而实现了一种非常独特的四驱模式。

在这套系统中，法拉利FF大部分情况下只以后轮驱动（7速双离合变速器也位于后轴），只有在全力加速以及在湿滑路面上时前轴才会分配到动力。前轴最多可以分配到发动机20%的转矩输出，而负责前轴驱动的就是一台只配置了两个前进档和一个倒档的附属变速器。

可能很多人要问了，这两个变速器是怎样工作的呢？其实这个所谓的前变速器已经和发动机完全接合在了一起，发动机的曲轴直接作用到变速器中（减少了传统变速器的机械部分，减重50%以上），然后通过整合在一起的两个电控多片式离合器将动力分配给左右两个车轮，所以4MR四驱系统中不需要装前轴差速器。

而后轴的7速双离合变速器则与传统的变速器类似，当变速器处于1档或2档时，前轴变速器自动接合到第1档传动齿轮上，而主变速器为3档或4档时，前轴变速器接合第二档传动齿轮；当后轴变速器在5档或者更高档位的时候，前轴变速器则不再连接曲轴。所以，车型只有在全力加速以及遇到湿滑路面并且主变速器降至5档以下的时候，前轮才参与驱动。这样的好处是起步时以及过弯时可以获得四驱所带来的超高稳定性，而在直线加速的时候又可以平衡发挥每个车轮的抓地力。在这套系统的帮助下，法拉利FF的0—100千米/时加速时间仅为3.7秒，真正发挥了四驱系统带来的优势。

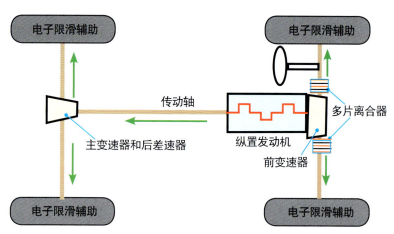

法拉利FF超级跑车4RM四驱系统

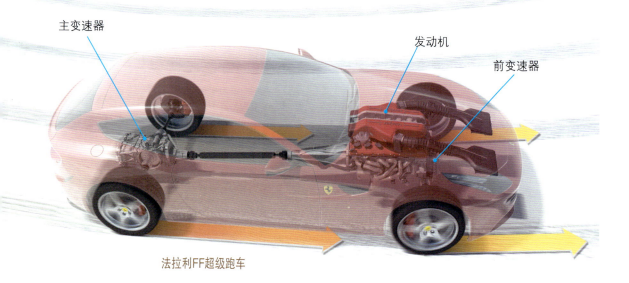

法拉利FF超级跑车

第九章 21世纪10年代车型

半轴　　前变速器　　整合在一起的两个电控多片离合器　　半轴

前变速器只负责驱动前轮，而且只是在全力加速或遇湿滑路面并且主变速器降至5档以内的时候才可能参与工作

前变速器
整合在一起的两个电控多片离合器
传动轴
主变速器和后差速器

法拉利FF超级跑车4RM四驱系统构造图　　　法拉利FF 4RM四驱系统视频

**画解法拉利** 揭秘法拉利汽车独门绝技 精装典藏版

# LaFarrari
## 2013年

发动机：6262毫升，V12
最高车速：350千米/时
0—100千米/时加速时间：3.0秒

LaFerrari是法拉利推出的一款旗舰级超级跑车，于2013年3月在日内瓦车展首次亮相，以取代法拉利Enzo车型，仅限量499辆。LaFerrari采用被称为HY—KERS的混合动力系统，一台6.3升V12自然进气发动机可输出588千瓦的最大功率，电动机独立输出120千瓦的功率，使得LaFerrari的联合输出功率高达708千瓦。

LaFerrari发动机采用了连续可变长度进气技术（曾为F1赛车发动机的一项主流技术，后因规则改变而被禁止在赛车上使用），进一步提升了发动机性能。进气管长度随发动机速度而不断变化，从而使整个转速范围内的转矩和功率曲线得到了优化，以适应电动机的转矩输出。

LaFerrari是在马拉内罗制造的首款采用混合动力技术的车型。电池采用两种不同的充电方式：一是制动时；二是当V12发动机产生的转矩超过驾驶需要时。比如在转弯时，多余的转矩不是送至车轮而是被转换成电能并存储在电池中。

**2013年法拉利LaFarrari**

第九章 21世纪10年代车型

2013年法拉利LaFarrari

**法拉利第一款采用混合动力的公路跑车**

# California T
## 2015年

发动机：3855毫升，V8
最高车速：316千米/时
0—100千米/时加速时间：3.6秒

  California是有史以来第一款采用中前置V8发动机的法拉利GT跑车。它配备了可折叠金属硬顶，将硬顶跑车与敞篷跑车合二为一。

  宾尼法利纳（Pininfarina）为California打造出了富有肌肉感的流畅线条，尤其注重在车顶打开和关闭的情况下，都有着完美的比例与和谐的平衡。发动机罩上的细长进气口和侧通风口让人回忆起1957年California 250的明显特征。

  可折叠金属硬顶的独特之处在于几个动作同时而非顺序进行，因此优化了完成展开/收起循环所需的时间。实际上，行李箱盖和折叠的硬顶同时移动，整个循环时间只需14秒。

  California配备了先进的牵引力控制系统。该系统的首次应用是在599 GTB Fiorano车型上，随后又延伸至430 Scuderia。该系统是法拉利在长期的F1比赛中积累的技术成果，为了最好地适合新GT的特点，该技术又经过了进一步优化。配备该系统后，即使是驾驶经验并不丰富的驾驶人也能在转向、安全性和稳定性方面充分发挥车辆的全部潜力。该系统通过持续监测车轮的相对速度并与控制系统中存储的车辆动态模型进行对比，估算出所能达到的最佳行驶性能，然后通过调整发动机输出转矩来优化性能。F1—Trac比传统的稳定性控制系统更加快速和精确，能够延迟和减少为保持最佳行驶轨迹所需的发动机转矩调整。其结果是，与传统控制系统相比，驶出弯道时的平均加速度提高了20%，即使在赛车情况下都能保持更好的稳定性，更加轻松地转向。

防滚架是一种被动的安全保护措施，可在翻车时有效地保护驾乘者。该系统安装在后座椅背的后方，藏身于饰板内，所以从外表看不出来。如果安全控制单元检测到侧翻即将发生，可在190毫秒内瞬间弹出防滚架

2015年法拉利California T

法拉利3.9升涡轮增压发动机

## 第九章 21世纪10年代车型

2015年法拉利California T

**法拉利第一款采用中前置 V8 发动机的公路跑车**

2015年法拉利California T

# GTC4Lusso
2016年

发动机：6262毫升，V12
最高车速：335千米/时
0—100千米/时加速时间：3.4秒

法拉利GTC4Lusso是法拉利FF的继承者，其命名也有向330 GTC等经典2+2法拉利跑车致敬的意义，其中的数字4则代表了四座设计。

在外观设计方面，法拉利GTC4Lusso相对FF进行了一些改进，例如前脸采用大嘴式的进气格栅设计，前照灯线条也进行了一些调整，尾灯回归于四圆灯设计。与FF相比，GTC4Lusso在内饰设计上增加了10.25英寸液晶显示屏，中控台部分的功能按键和空调出风口造型也有变化。

GTC4Lusso仍然搭载V12发动机，经过调校之后，发动机的最大输出功率提升到507千瓦（689马力），峰值转矩达到697牛·米，相比FF分别增加了21千瓦（29马力）和14牛·米。

GTC4Lusso从静止加速至100千米/时仅需3.4秒，最高车速仍然为335千米/时。除此之外，GTC4Lusso仍使用FF上的4RM四驱系统，但新增了后轮转向技术。

2016年法拉利GTC 4 Lusso

法拉利第一款采用后轮转向的公路跑车

2016年法拉利GTC 4 Lusso

第九章 21世纪10年代车型

2017年法拉利 812 Superfast

# 812 Superfast
## 2017年

发动机：6262毫升，V12
最高车速：340千米/时
0—100千米/时加速时间：2.9秒

2017年法拉利 812 Superfast

2017年法拉利 812 Superfast

法拉利812 Superfast于2017年3月开幕的2017日内瓦车展上首次亮相。该车堪称腾马家族V12自然进气发动机的巅峰之作。新车搭载一台V12自然吸气发动机，最大输出功率达到了588千瓦（800马力）。传动系统匹配7速双离合变速器。在这套动力总成的推动下，新车的官方0—100千米/时加速时间仅为2.9秒，最高车速为340千米/时。

为了让这款性能无比强劲的超级跑车拥有更加灵活的操控性和激情澎湃的驾驶体验，法拉利为该车配备了诸多电子控制系统，例如首次在法拉利车型上出现的EPS（电动助力转向系统）、PCV（虚拟短轴系统）2.0版本以及SSC（侧滑角控制系统）的最新5.0版等。

# Chapter 10 Manufacturing
# 第十章 制造工艺

高性能汽车,机械运行条件要求更苛刻,制造工艺也要求更先进、更精细。而法拉利汽车,则更是被当成艺术品来打造。

## Car as Works of Art
## 车子被当成艺术品打造

无论在赛车跑道上还是马路上,每辆法拉利都是手工打造。意大利北部摩德纳的法拉利总部,既是汽车工厂,也是艺术工作室。金属原料在此转化为令人惊艳的产品,车子在此被当成雕塑艺术品来打造。工厂建筑物也像生产的车子那样流畅、时尚。这座工厂具有某些独有的特征,如满足研发需要的巨型风洞以及充满自然光的发动机工厂,内有树木提供合适湿度。这里甚至还有三千多米长的专用赛车道用来测试法拉利最新赛车,并且供刚驶下生产线的跑车进行路测。

对于生产线的三千多名工人而言,在此工作是意大利人的梦想。少有外人可以进入法拉利工厂,这里警备森严,而且法拉利F1赛车队就在工厂里,随时都得提防商业间谍。

这座工厂占地面积极大,大约有50个足球场那么大,其中共有45栋建筑物。从铸造开始,到发动机打造,车漆喷涂,内饰装配,最后到整车组装,都是在这一广阔区域内完成的。

法拉利工厂占地面积相当于50个足球场,法拉利汽车的所有部件制造和装配程序都是在这里完成的

# Permissible Error
## 车身装配误差不超过 0.3 毫米

一提到法拉利，车迷们一般都会联想到两件事：一是发动机，超大的功率，低吼的声音；二是法拉利的外观设计，"肌肉"的力量，超炫的造型。

与大多数超级跑车的车身不同，法拉利GT超级跑车的车身钣件都采用铝合金材质制作，而不是用脆性较大的碳纤维。铝合金车身虽比碳纤维重量稍高，但它仍属轻量化材料，并且车身碰坏后还可以修复，而碳纤维则只能是更换新钣件了。

法拉利的铝制车身骨架上还要严密安装上车门、发动机舱盖、车厢盖，当然它们也是铝制的。更为重要的是，法拉利对它们的安装精度要求超级高——允许误差不超过0.3毫米。这也正是体现汽车的超级之处。

质量检查的重点除了车身钣金接缝外，也不允许车身上出现任何微小的凹痕、瑕疵。为了确保检查的精度，法拉利将车身放置在密封的树脂玻璃室中进行仔细检查，以妨空气中的微小灰尘会干扰专家们的最后检查。这哪是在制造汽车，分明是在制作精密仪器！

车身钣金缝隙是否均匀及严谨，直接关系到车辆的性能和寿命

# Ultrasonic Examination
# 用超声波检验车漆厚度

1吨重的车身在此降入、翻覆、摇动,每次泡入大池都会改变车身的金属化学性质,打造出超薄盔甲对抗气候

法拉利烤漆厂的先进性在业界数一数二。它的环保性极高,因为它使用水性漆。水性漆是使用水稀释剂、不含有机溶剂的涂料,它不含苯、甲苯、二甲苯、甲醛、有毒重金属等,无毒无刺激气味,对人体无害,不污染环境。更为重要的是,多余漆料几乎都可收集后再利用。

只使用一个赛事甚至一个赛季也使用不到的F1赛车无须担忧生锈问题,然而法拉利超级跑车是一般道路用车,在进行烤漆之前,每辆法拉利的车身都要经过防蚀处理。法拉利宣称他们应用了世上最先进的防锈技术,但这种说法难以验证,因为这里处处都是商业机密,而且其他品牌汽车的烤漆厂也都极为保密。1吨重的车身在此降入、翻覆、摇动,每次泡入大池都会改变车身的金属化学性质,打造出超薄盔甲对抗气候。法拉利超级跑车车身经过防蚀浸泡便会覆上正电荷,这点很重要,因为它关系到下一个阶段的烤漆。

烤漆厂的核心工作区也就是喷漆房被封闭在一个玻璃空间内,里面有优雅的机械手臂以及控制机器的工作人员。喷漆空间之所以被严格密闭,是预防气流会使车漆微小分子流动,以致喷漆不匀。往车身上喷涂的第一层为底漆,这种特殊混合物有助于使真正车漆附着在车体上。底漆是一层微尘,颗粒细如痱子粉。底漆之所以能附着在车体上,是因为车体先前覆上电荷,而这种电荷可以将底漆微尘吸附在车身上。上好底漆的车身滑入一个巨大的"烤箱"以烘干底漆,促使底漆与金属融合。然后,法拉利

第十章 制造工艺

车身油漆喷涂完全采用机器人作业，可以确保油漆均匀地固定在车身上

车身才会被喷上一层层液态漆。喷漆的机械手臂顶端喷出小滴车漆并雾化到车身指定的部位。机械手臂的动作都经过电脑精密设定，只有车漆分量恰到好处，才能喷出均匀的表面。

烤漆结束之后便是为车身穿上超强的透明陶瓷膜。透明陶瓷膜的功能是防刮。花33万美元买这辆车的用户当然希望有此功能。虽然法拉利跑车的标准色只有12种，但是车主可以订购任何颜色。车体要抛光到如窗户玻璃般光滑。每辆法拉利离开烤漆厂之前，都得通过严格的品质检测。烤漆表面的任何缺陷都要经过抛光然后重新进行检测。车漆厚度由超声波测量误差不得超过0.001毫米，否则表面颜色就不均匀。如果缺陷无法通过抛光方法消除，车体便被送回去重新烤漆。

车漆厚度由超声波测量误差不得超过0.001毫米

# Engine Assembly in Garden
# 在花园厂房中打造发动机

法拉利599配有V12发动机，排量6升，最大输出功率高达493千瓦（670马力），比功率达到82千瓦/升（111.6马力/升），是同排量发动机中的最高值。法拉利599发动机上有800多个零件，从缸体和缸盖的铸造，到曲轴精加工，到最后发动机组装、检验，都在法拉利自己的发动机厂内完成。

其他汽车厂家铸造发动机缸体和缸盖时，一般都是采用流水线大批量生产方式，但法拉利却是一个一个地生产。工人用手工精心打造铸造砂模，一个V12发动机的模具就得用手工打造5小时。为了减少磨损、碎裂等瑕疵，在组装好模具后必须立即铸造。缸体和缸盖都由配方机密的铝合金铸造。这里每10分钟才完成一次浇铸，即使这样也会有2%的铸造品无

法通过品质检测，最后沦为回收金属品。检查人员用强力X光扫描铸造的部件，寻找金属上的微小裂痕或缺陷。如果发动机缸体或缸盖上有瑕疵，那么在发动机高转速时就会产生较大的振动，甚至导致发动机停止运转。通过X光检测合格的部件再由人工修饰，然后重新接受检查，并经过精密修整后，再由其他工人负责组装上其余800多个零件。

法拉利发动机厂房内有点儿像室内植物园。自然光透过玻璃屋顶照入室内，厂房中央种有一小片植物。植物有助于维持打造发动机所需的适当湿度与空气品质，也能提高员工的舒适度。

发动机厂内共有三个组装区：一个用于组装V8发动机；另一个用于组装V12发动机；第三个用于安装与V12发动机匹配

# 第十章 制造工艺

这是发动机工厂还是花园?

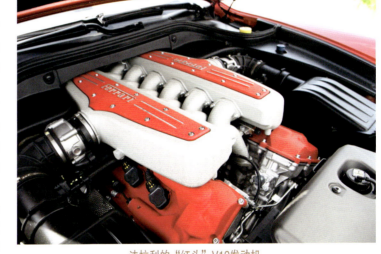

法拉利的"红头"V12发动机

的变速器。每台发动机都由专业技工借助电子设备独立完成装配,以确保所有发动机的转矩输出都正常。

法拉利虽然注重手工打造,但发动机厂也有两组特别的机器人。第一组叫"罗密欧与朱丽叶"——两个机械手就是罗密欧,正在给朱丽叶送"戒指"。这个"戒指"不同寻常,其实是发动机气缸的气门座。气门在气门座的封盖内移动,空气便能进入燃烧室,继而与燃料混合、爆炸。气门座设计必须非常精密,不能动弹。如果气门座松落,则可能掉入缸体内,导致发动机停止运转。

"罗密欧"将每个气门座泡进液化氮,使其温度降到-300℃,导致气门座略为缩小。"朱丽叶"拿起缸盖等"罗密欧"将气门座套好,接下来的几秒内,冷冻气门座的温度上升,体积变大,最后便会锁定。

发动机厂的第二组机器人用来打造另一个重要零件——曲轴。法拉利599发动机输出的功率通过曲轴传到变速装置、驱动轴到车轮,才能在公路上驰骋。它每分钟转数超过8000,因此任何瑕疵都会导致曲轴不平衡,导致传遍整个发动机的可怕振动。机械手臂还对曲轴进行钻洞削刨及辗磨,以确保曲轴完全平衡。

发动机装配完成之后,被特定的高速传送装置传送至7个测试台,通过一系列动态热运行测试,以确保所有出厂的发动机都符合特定的技术标准。

测试过程包括检查发动机管理芯片,并且将保留测试数据以供将来使用。测试期间还要检查所有螺栓的拧紧力矩。所有测试完成并确认无误后,才会将发动机、离合器和变速器进行装配,最后将组装完毕的动力总成送至车身区域,准备进行车身组装。

这个带有大形管道的建筑就是法拉利的风洞实验室,以速度制胜的超级跑车比普通汽车更注重空气阻力对车辆性能的影响

# Wind Tunnel Test
## 风中的洗礼

车速越高,车辆受空气阻力的影响越大。法拉利超级跑车没有一款极速低于300千米/时,离不开这个重要的风洞测试。法拉利的风洞实验室建于1997年。它的外观不太像一个建筑物,倒颇似发动机的一部分。这个突出的巨型管道有80米长,即所谓的"风洞"。在这个风洞中,功率为2200千瓦的涡轮风扇使风洞内部产生空气流动,精密的设备将温差控制在0.5℃以内。风洞内可以产生速度超过250千米/时的气流,用于测试按1:2比例缩小的汽车模型,也可以提供速度达到150千米/时的气流来测试实物大小的汽车模型。

风洞内装备一个由300多个探测器控制的感应装置和一条与风速同步的传送带,因此当气流速度较大时,就可以模拟和监测汽车模型所有的姿势和动作:滚动、偏航、颠簸、转向等运行状态。电子系统则记录和处理所有关于作用力、风速、风向与气流的模拟/数字数据。

风洞内可以产生速度超过250千米/时的气流

第十章 制造工艺

Genuine Leather
# 真皮内饰需要 30 个工时完工

法拉利的每个真皮部件都是手工完成的。右图所示为受过专业训练的女裁缝正在展示有百年历史的意大利皮革制作绝活。法拉利的皮匠师们特选优质牛皮来包裹座椅、仪表板、方向盘、变速杆、中控台等。然而,在传统工艺流程中有一道流程向21世纪科技低头了,采用电脑控制的激光束准确地切割皮革,以避免任何微乎其微的瑕疵。然后,缝纫技师们完全靠手工、针线、个人技艺,将法拉利超级跑车的内部装饰得和外观一样炫目、精美。内饰真皮的品质可与欧洲名牌真皮家具媲美。法拉利甚至制造相同真皮所做的行李箱包。据统计,每辆法拉利的真皮内饰制作时间平均为30个工时。

法拉利超级跑车的内饰完全由手工制作,这可是纯正的意大利皮饰工艺

画解法拉利　揭秘法拉利汽车独门绝技　精装典藏版

# Vehicle Assembly
## 总装线要停顿 32 次

　　法拉利超级跑车的装配线与众不同。普通汽车的组装线都是不停歇的，尽管速度有快有慢。而一辆法拉利GT超级跑车从进入总装配线到下线，中间要停顿32次。首先，在装配线最前端是将法拉利599超级跑车上最大、最重、最关键的部件，也就是V12发动机放入车体内。这个V12发动机的重量就占法拉利599全车重量的五分之一。发动机必须牢固地与底盘组成一体。为了减轻重量，法拉利的底盘也是采用铝合金制作。为发动机接好各种管路和线路后，还得装上与F1赛车变速器有异曲同工之妙的变速器，以及巨大的传动轴。在进入总装线之前，变速器和传动轴已组装成一体。

　　传动轴是法拉利599上少数的钢制零件之一，只有如此才能驾驭发动机传来的力量，使法拉利从容地起跑转停，0—100千米/时加速时间仅为3.7秒。

　　超级跑车不仅要跑得快，还要能紧贴路面，能够灵活地应对复杂的道路，要具有极强的操控性。因此高性能车辆对悬架系统的要求要高于一般车辆。法拉利599采用在美国研发的电磁减振器。一般的减振器装的是油或空气，而法拉利599的电磁减振器则装的是磁性液体。通电后，这种磁性液体的密度就会发生改变，从而改变

车身放置在一个旋转的架子上，使装配工人工作便利、舒适，这对提高装配质量也有积极作用

第十章 制造工艺

减振器的阻尼系数,以适应各种不同的路况。安装减振器是法拉利599总装配线上最重要也是最费时的步骤,技工大约要用1个小时才能装好这种磁电减振器。

到目前为止,法拉利的技师已为法拉利599赋予了速度、美观,以及操控性。

当硬件安装得差不多时,就该为法拉利599接通"运动神经系统"了。法拉利599驾驶舱内由电脑控制的系统几乎与法拉利F1赛车的驾驶舱无异。车内电脑监控所有电子系统,从简单的座椅加热器到极重要的循迹控制系统。循迹控制系统处理法拉利599轮速感应器反馈的信息,然后调整车辆的操控性能,以利于驾驶人应对各种路况,避免车辆打滑。

最后,法拉利599装上车轮和前风窗玻璃,驶下总装线。

# Final Test on Track
## 赛道上的最后检验

新车从总装线上驶下后，还不能交到买主手中。只有车辆上每个部件都通过最后的实际检测（合格）后，该车才能贴上法拉利的腾马标志。

法拉利有一条用来测试F1赛车的跑道，同时它也用来测试刚驶下总装线的法拉利超级跑车。法拉利公司有十几位经验丰富的试车员，他们每位都用经验和技能来评判下线车是否符合法拉利的超级跑车标准。其中最重要的测试项目之一就是检查循迹控制系统是否可靠。在赛道上，试车手先关掉测试车的循迹控制系统，在没有此系统的保护下检查法拉利599的性能，然后开启循迹控制系统进行同样演练，以对比此系统对车辆性能的干预和影响。法拉利599拥有强大的动力，具有极强的运动潜质，因此它对其驾驶人也有更高的要求。为了避免出现车辆损毁的意外，超级跑车比普通车辆更需要循迹控制系统的保护。

通过赛车场的测试后，每辆车还要在普通公路上进行测试，毕竟法拉利599不是一辆赛车，它是为普通公路打造的。在公路上重点测试项目之一是测试变速系统的性能。法拉利599每次换档只需0.1秒，和人眨眼的时间差不多。每次换档都意味着传到车轮的功率和转矩的迅速改变。法拉利公司在道路上反复测试每辆车的性能，直到完全符合法拉利超级跑车的标准，才会将耗时两个月打造完工的法拉利跑车送到车主手中。